内藤湖南への旅

粕谷一希
Kasuya Kazuki

藤原書店

はしがき

なぜ内藤湖南（一八六六―一九三四）を書いたのか、と問われることがある。

一般的にいえば、まず、中国認識をめぐる津田左右吉との対比があろう。中国文化に対する日本文化の独自性を指摘した津田左右吉に対して、湖南は日本文化の形成にとって中国文化は豆腐の〝ニガリ〟のようなものだとした。「中国とは何か」という問いは「日本とは何か」という問いと表裏のものとして、明治以後の知識人に突きつけられてきた。この問いは、現代の我々にとっても避けて通れないものである。

また、漱石が学者から文士になったことは有名だが、同時期に文士（ジャーナリスト）から学者になった湖南のことはあまり語られない。露伴も一年間京大に来たが「こんな窮屈な世界は耐えられない」と東京に逃げてしまった。湖南のように生涯勤め上げたのはめずらしい。ジャーナリズムと学界との間の垣根が低く、ジャーナリストが歴史書をものするだけの骨太な歴史観を持っていた時代の知識人の姿を、湖南という存在から読みとることができる。

最後に、『内藤湖南全集』が筑摩書房から出されたこと。私は同業者として、毎回、月給差し引きで割安本を買っていた。一〇年以上自分の書棚に置いて眺めていると、次第に書くことが義務のように想えてきた。幸い私は、筑摩書房の社長を務められた竹之内静雄氏に親しくしていただき、毎年正月にはお宅に伺って酒を呑まされた。議論酒の竹之内さんはいつも「東の田中美知太郎、西の吉川幸次郎」が口癖だった。戦時中の日本では、純粋の学問的思索を続けておられたのは、この二人だったろう。同じ話を中央公論社の嶋中鵬二氏からも聞いたことがある。雑誌『思想』のある号が、西田幾多郎と田中美知太郎の二人だけの寄稿だったことがあったという。本好きの学生には時局談義を扱った二人の思索が、ホンモノに思えたのだろう。

竹之内静雄氏によれば、吉川幸次郎教授は京大の教室に支那服を着てやってきて、聴講生はわずか三人だったという。また竹之内さんは旧制三高時代、野間宏、富士正晴と『三人』という同人誌を出していた。彼らは、詩人、竹内勝太郎氏に私淑し、山好きの竹内さんを愛していた。竹内氏が山登りの事故で亡くなったとき、『三人』の追悼号をつくったという。

さらに竹之内さんは、「ロッダム号の船長」という小説を書き、井上靖と芥川賞を競った。そのころの文学青年なら知っている話題である。筑摩書房では、「囲碁全集」を出し、小林秀雄、中川一政と三人で『富岡鐵齋』（三万円）の本を出版した。「ウン、大丈夫。儲かったよ」とニコニコしていた。

ともかく、東大法学部出身の私などには、まったく考えられない別世界であった。その竹之内さんが、京大の支那学の泰斗として、事あるごとに口にしていたのが、内藤湖南の名前だった。

「内藤湖南への旅」は雑誌『東北学』に連載したものである。仙台にある「荒蝦夷《あらえみし》」社の土方正志氏が『東北学』の編集に携わっていたので、ずっと気になっていた東北出身の湖南を書くとよいのではないか、と考えて話してみると、すぐさまOKがでた。書棚に置いてあった全集を繙きながら連載を書き進め、一二回で十分一冊の本をつくる分量になった。この間、湖南の郷宅のある十和田湖畔の南部の町にも一緒に出かけて楽しかった。

停年後の湖南が郷里に帰らず京都郊外に書庫をつくったのも、湖南の父親が後妻をもらい、その後妻が連れ子だった娘を湖南に押しつけようとしたことが虎次郎（湖南）が逃げ出すきっかけとなったのだから、人生はわからない。とにかく旅行で私は湖南の生身を摑んだ。

内藤湖南というと難しいという反応が多いが、生身の虎次郎はやさしく、人間臭い。

京大で同僚の小島祐馬《おじますけま》は、停年退官後、サッサと高知にある豪農の郷宅に戻って、本当に百姓をしていた。どちらも郷里の事情がわかると、どうということはない。二人とも自由な老後を選んだのである。

湖南の『全集』は長男の乾吉氏が同学の道を選んだことが幸いした。湖南がメモ一枚で講義したものを、聴講生のノートを参照しながら乾吉氏が原稿にしたものである。湖南の癖をのみこんでいたから、『全集』の文章はもっとも始源に近いものであろう。

湖南はアームチェア（肘かけ椅子）の学者であったが、京大山岳部に負けないフィールドワーカーでもあった。八回の支那旅行は原則として徒歩であり、現地の人々とは筆談でお互いの意味を了解した。幕末の高杉晋作も同様であった。

ジャーナリストとして同時代の中国情勢を論じつつ、歴史家として古代以来の中国王朝の転変を描いた内藤湖南は、中国の将来をどう見通していたのか。それを見極めるために、湖南とその周辺を旅してみたい。

内藤湖南への旅　目次

内藤湖南への旅

〈凡例〉

引用に際しては、原文の漢字は新漢字に直し、仮名遣いは原文ママとした。地名その他、今日では不適当とされる表記も含まれるが、内藤湖南の用法に準じて表記した。

1　内藤湖南の郷宅
——秋田毛馬内紀行——

秋田一周ドライブ紀行の企て

昨秋（二〇〇二年九月）、年少の友人S君と二人で秋田を一周する旅行を企てた。私は母が、S君は父君が秋田出身なのである。だから、二人にとっては自らのルーツを尋ねての旅の趣きもあった。幸い、S君は年期の入ったドライバーで、レンタ・カーを借りれば、かなりの距離を踏破できそうであった。

S君は綿密に地図を調べ、角館→日影温泉（大館の奥）→男鹿半島（桜島荘）と、三泊四日の計画を立て、どの道路を選ぶか、途中の昼飯はどこがよいか、それぞれの土地のみるべき文化施設、歴史遺跡は何か、など、完璧な日程表をつくり、フォークロア専門の彼は、八郎潟から十和田湖までの古層にどんな民間伝承があるかまで調べ上げた。

いつもいい加減な旅行をしている私などには驚嘆すべき完全主義で、これでは即興的な気まぐれが入りこむ余地がなくなるのではないか、といささか贅沢な皮肉を感じたが、

——できれば、内藤湖南のゆかりの地に行ってみたい。

とだけ、勝手な注文をひとつだけ出した。S君は、早速、内藤湖南の郷里の場所まで当日までに特定しておいてくれた。

角館ではいまではすっかり有名な武家屋敷通りをめぐり、角館出身の日本画家平福百穂（一八七七〜一九三三。日本画家。秋田県出身）美術館を楽しみ、百穂苑という傍らのいまでは旅館を止めてしまったという古い民家風の割烹で、地酒と稲庭うどんの昼食をとったが、試みに注文してみた漬物がずば抜けてうまかった。

大館からさらに国道を走り、一キロほど脇の雑木林を入ると日影温泉である。旅館は一軒だけ、都会風の虚飾のない、湯治場の感じだが、古くからの家屋を継ぎ足して大きくしていった感じの堂々たる大旅館である。

この旅館の先代の女将が、「粕谷さんのお母さんを存じ上げているそうで、一度、お出かけ下さい」との伝言を友人のM君が伝言してきたのは数年前のこと。泊まった翌日の昼まえ、旅館のひまな時間に、女将がつきそいの形で、先代のおばあさんの話を伺った。

先代はS村の旧家畠山氏の出身で、この日影氏に嫁いだのだが、その実家の畠山氏宅の離れに、私の母は、二年ほど間借りして近くの小学校の訓導をしていたらしい。少女時代の先代は、よく離れの若い先生のところに遊びにいっていたという。年老いて、幼いころの記憶は却って鮮明な画像となるらしい。

ドライバーのS君は「ちょっとS村によってみましょう」と車を走らせ、運よく、その畠山氏のお宅を発見した。ちょうど古い家屋は壊されたばかり、プレハブ住宅が建設中だったが、庭の欅の老樹が、昔からの風情を伝えていた。歳々年々人同ジカラズということか。

三日目の男鹿半島行は、秋田市を抜け、沿岸沿いに、蜿々と車を走らせ、八郎潟の傍らを通り、火山の麓をめぐり、峠を越えた果てに県の第三セクターが建てた桜島荘はあった。日本海に面し、水平線に沈む夕陽が絶景だとのことだが、その日は雲に隠れてあいにく、夕陽は見られなかったものの、風呂に入りながら、見渡す日本海の夕景は、人間を圧する自然の威力を語っていた。

翌日、二人はさらに車を走らせ、男鹿半島の最先端の漁村に至った。S君の父君の出身地だという。彼の父君はこの村を出て、大工の技能を身につけ、東京に出て、建築家として成功して財を成したという。

こうした日本列島の先端から人間の営為を考えると東京などでは考えたこともない想念が湧く。この漁村に定着した人々はひょっとすると渡来人かもしれない。

なにしろ隣り村に出かけるのにも峠ひとつ越えなければならない。それほど隔絶している村なのである。

――一説によると、秋田のナマハゲ祭りに出てくる鬼は、漢の武帝を象ったものだといいます。

S君の解説に、私はあるいはそれは歴史的な事実を物語っているかもしれない、と思う。朝鮮半島を武力で平定したという漢の武帝は、当時の朝鮮人にとって、その圧倒的な強さによって人間技とも思えない存在――鬼を連想させたかもしれない。

朝鮮から亡命した渡来人たちの話から、男鹿半島、秋田地方の人々は武帝への恐怖を祭りとして、無事を祈ったのかもしれない――。

湖南の家柄

内藤湖南の郷里は十和田湖畔、毛馬内（現・十和田町）にある。われわれは、角館から日影温泉に向かう途次、車を飛ばして十和田湖畔を廻ったのであった。

湖南とは十和田湖の南からとった号である。父の調一も号を十湾といった。やはり、十和田湖の十の湾、十和田湖の湾曲した入江がたくさんあることを形容したものであろう。

内藤家は、南部藩の支藩桜庭《さくらば》家の家臣で、代々儒者であった。湖南の名の虎次郎は、吉田松陰の寅次郎にちなんだものという。松陰は若くして、全国に知的武者修行の旅に出ているが、そのとき、南部藩の十和田湖畔にまで至り、桜庭家の儒者内藤十湾にもあって共鳴したらしい。そのことがなければ虎次郎の名の説明がつかない——。

十和田湖町では、最近、土地の旧家跡を改造して、郷土から出た先人を偲ぶモダンな郷土記念館が建てられていたが、われわれが出向いたその日はあいにく、休館日であった。

土地の人やお寺の人に尋ねながら、われわれは内藤家を訪ねて、小高い丘陵となっている坂を昇った。表通りをそれて路地に入ると、その路地が奥深く、一〇軒ばかりの家が道に沿って並んでおり、その突き当たりは城跡となっていて、五百坪ほどの敷地は荒れてはいたが、桜庭家の城の庭園の趣きを残して、ひっそりと往古の風情を伝えていた、

内藤家は城跡をめぐる濠をへだててもっとも城に近い場所にあった。そうか。内藤家は小さいながら、儒者として桜庭家の腹心として、桜庭氏がもっとも信頼する存在であったのだ。内藤家の佇まいを眺めながら、即座に閃いたのはそのことであった。

その古い門柱には、「文学博士内藤虎次郎郷宅」という表札がかかげられていた。昔から訪問客も多かったのだろう。その表札の文字も、いかにも明治時代を伝えるような表現の仕方がほほえましかった。

滝田樗陰と内藤湖南

私が湖南に興味を抱いたのはかなり古い。自分の母の郷里である秋田には幼いころからの思い出が蓄積されて、この雪国にはほのかな慕情めいたものを感じてきた。

自分が社会人となり、中央公論社に入社してから、伝説的編集者として秋田出身の滝田樗陰についてては、折りに触れてその横顔について、さまざまな文章を読み、断片的なゴシップにつ

いて聞かされてきた。

ただこの名編集者は四十四歳で若死してしまった。谷崎潤一郎(一八八六〜一九六五。文学者)も、もしながく生きていれば、後年、どんな仕事をしただろうと、早逝を惜しむ文章を書いている。また中央公論社の先輩編集者でもあった作家の杉森久英氏が中公新書で『滝田樗陰』を書いている。

四十歳のころ、私は北海道の帰り道、秋田市により、伯母に全良寺という寺に案内してもらったことがある。滝田樗陰の墓がある、と聞いていたからである。その墓に詣でると、裏面に碑文が書かれていて、樗陰の父君が書いたものであった。樗陰が亡くなったとき、老父はまだ生きていたのだ。その落膽は如何ばかりだっただろう。碑文はその想いを綴ったものであった——。

滝田樗陰については、そののちも私のなかで想いは自己増殖してイメージは膨らんでいっているが、同時に、秋田の産んだジャーナリストでもあった内藤湖南についても、次第に興味は深まっていった。秋田で生まれ、秋田師範を出て、小学校訓導を務めたのち、東京に出て、大内青巒《せいらん》(一八四五〜一九一八。仏教学者・思想家)の主宰する仏教雑誌『明教新誌』に勤め、その文才を認められた。以後、三宅雪嶺(一八六〇〜一九四五。言論人。一八八八年、政教社を設立し『日本人』を創刊)、志賀重昂(一八六三〜一九二七。思想家・評論家・地理学者)に認められ、高橋健三(一八五五

〜九八。官僚・新聞人。東大を中退して官吏になり、『官報』創刊にたずさわる）の引きで、高橋が主筆をしていた『大阪朝日新聞』の記者として、日清戦争の三年間を過ごしている。

当初、朝日新聞に引張った高橋健三が松方・大隈連合政権の書記官長となったことから、湖南も政治の世界に志したこともあったが、結局、間近にみた政治の現実に失望して、新聞記者としてとどまり、文筆の道を進むことになる。

当時、湖南が執筆した著作に『近世文学史論』（『関西文運論』を改定・増補）と『諸葛武侯』があるが、湖南には、最初から日本文化史・支那文化史、双方への関心が平行して深まっていたことを物語る。

文をもって立つことを決意しても、当時の湖南の身分はきわめて不安定なものであった。朝日を辞めて、台湾に赴いて新しく発刊された『台湾日報』の主筆となったり、それも一年で辞めて東京に戻り、『万朝報』の論説記者となった。

そこでは内村鑑三（一八六一〜一九三〇。キリスト教伝道者）や堺枯川（一八七〇〜一九三三。社会主義者。本名は利彦）など、硬派の文士と同僚となっている。そうしたなかでジャーナリストとして広い主題を論じてきた湖南は、次第に中国問題に関心が絞られていった。

早逝した滝田樗陰とちがって、同時代人のなかで抜きん出た儒学の素養が評価された内藤湖南は、次第に奥行きのある支那通として、何遍かの中国旅行——それは政府からの調査を依頼されての旅行の場合もあった——を経験し、やがて四十二歳のとき、同郷の大学者・狩野亨吉（一八六五～一九四二。思想家。京大文科大学長）の推めで、京都の文科大学講師として転身することになる。

この転身は、幸田露伴（一八六七～一九四七。小説家・随筆家・考証家。本名成行。別号蝸牛庵・脱天子など）と共に、正規の学歴がない二人の採用を文部省や京大内部でも問題視したらしいが、狩野亨吉学長の英断であった。こうした事例は戦後の今日でもあまりない。この英断が、日本のシノロジーを確立したといわれる学者内藤湖南を誕生させたのである。

内藤湖南の学風は、雑報編集者、新聞記者、政府、外務省との接触を通して得たリアリズムに基づいたものであり、最初から学者であった人々、また大陸浪人風の支那通とちがい、豊かな現実感覚と、広い視野に支えられていた。

京都大学の史学と哲学

私は、東京生れの、東京育ちであり、大学も職場も東京で、その意味では京都との縁はない。

しかし、学生時代の読書は、京都学派の哲学から深刻な影響を受け、中央公論社に入ってからも、京都大学の人文系の学者との接触・交流がもっとも深かった。それは自分でも不思議なのだが、京都という古都の雰囲気、穏やかに静かに流れる時間感覚、落着いた時間をかけた討議の習性、学者たちの独自の文体と思索などに惹かれるものがあったのだろう。

そうした経緯のなかで、年齢と共に、私の関心は哲学から史学に移っていった。というより、哲学のなかでも歴史哲学に興味があり、それが年齢と共に具体的な歴史の世界、歴史事象に興味が移行していったといえるかもしれない。

学生時代から、林健太郎（一九一三〜二〇〇四。西洋史学者。東大名誉教授）や鈴木成高（一九〇七〜八八。西洋史学者。元京都大学教授。創文社顧問）の本には関心が深かったが、やがてお二人を通じて西洋史の今井登志喜（一八八六〜一九五〇。ヨーロッパ近代史家。長野県出身。東大卒）や原勝郎（一八七一〜一九二四。歴史学者）、東洋史の津田左右吉（一八七三〜一九六一。歴史学者）や内藤湖南といった巨人の存在がながく頭の内にあった。

京大の哲学科が、西田幾多郎（一八七〇〜一九四五。哲学者。代表作に『善の研究』。号は寸心）と波多野精一（一八七七〜一九五〇。哲学者）を先頭にけんらんたる人材を輩出したとすれば、史学科は狩野直喜《かのなおき》（一八六八〜一九四七。中国学者。京大教授。号は君山）、内藤湖南を先頭に、世界に誇れる東洋学の伝統を樹立したのではなかったか。

ただ、内藤湖南については、机上の全集（筑摩書房）を睨みながら、なかなか、その世界に入ってゆくことができなかった。

今度の秋田毛馬内紀行は、湖南の肉体についての、何がしかの実感を摑んだように思う。日本と中国の古い古い関係について、湖南という先哲の学問に触れることで、何がしかのヒントとインスピレーションを得られるのではないか、というのが私の期待である。

『日本文化史研究』抄

内藤湖南の学説は、日本文明は中国文明の周辺文明であり、中国文明から派生したものの一つであるという。この考え方は津田左右吉の、日本文明は早くから中国とは異なった独自の文明であるという学説と大きく対立するという、解説をかなり昔に読んだことがある。内藤史学に対する関心は、大きくはこの二つの学説の検討にあるだろう。

二十一世紀の今日に至っても、日本人の頭を占めているのは、現代中国の強大化についての恐怖を混じえた幻想である。覇権国家米国と強大化する中国との間にあって、日本はどう生きるのか？　こうした一見、新しい問題に対しても、鋭い洞察力をもった内藤湖南の思想は、多くのヒントを内蔵しているはずである。

また、日本史についても、内藤湖南は、

——応仁の乱以前の日本は外国のようなもので現代の日本を知るためには、応仁の乱以後を研究すれば足りる。

という有名な台詞を吐いている。日本史への関心が深まると湖南の言葉が気になるものだ。そういえば、徳富蘇峰（一八六三〜一九五七。言論人。本名は猪一郎）の歴史も、『近世日本国民史』（全百巻）であった。

試みに『日本の名著』（中央公論社）のなかの『内藤湖南』は、京大の小川環樹（一九一〇〜九三。中国語学・中国文学者。字は士解）の編集・解説（この文章の湖南の履歴もこれによった）である。その中に収められている『日本文化史研究』の三つの講演は、

近畿地方における神社

聖徳太子

応仁の乱について

この三つを主題とした平易なものだが、最近の私の日本史への関心の中核に触れているような

気がするのだ。

日本史は、神社の存在を抜きにしては、理解できない、というのが、日本各地を旅行しての私の感想だったが、湖南の「近畿地方における神社」という講演は何気ない語り口のなかでその秘密を語っており、無文字社会だった古代の氏族社会については、神社の分布をなぞることが大切であり、（鎮守の森としての）神社が統合されてゆく過程が、古代国家の成立過程であることを暗示している。

また、信仰の対象とまでなっている聖徳太子の実像を、豊富な中国側の文献を駆使し、推理することで、日本外交の独立を宣言した指導者としての太子、大化の改新を導き出した先駆的思想家としての太子の偉大さを率直に語っている。

応仁の乱についても創見に満ちて面白い。貴族の庇護を失った神社が、経営にさまざまな工夫をして、お伊勢参りの講や御師《おし》が、庶民層の支持を引き出してくることを、豊富な文献を基礎に雄弁に語っている。


内藤湖南の世界の探検を志す私のモチーフは、以上のようなものである。

2　新聞記者時代
――政治・言論・学問――

瓶ノ原紀行

内藤湖南は晩年、京都と奈良の県境いに近い瓶《みか》ノ原に隠棲した。京都大学を停年退職したあとのことである。

ふつう停年退職後は郷里の十和田湖畔の毛馬内村に戻りそうなものだが、なぜ京都に、それも市内ではなく、郊外に隠棲したのだろう。湖南の弟子であった小島祐馬《おじますけま》（一八八一～一九六六。中国学者。京大教授）は、京大停年後、さっさと郷里の高知郊外に戻って文字通り百姓生活を始めた。郷里の秋田ではなく京都に踏み止まったのはなぜだろう。

そんな疑問が湧いてきたのだが、ともかくその瓶ノ原に行ってみようという気になった。

京都府相楽郡瓶原村
という場所について、京都周辺の地理に暗い私には、地図を眺めても皆目見当がつかなかった。この五、六年、京都の常宿にしている宿の女将のHさんに、この場所は、どうしたら行けるのかを電話で尋ねると、京都生れ、京都育ちの彼女はさすがにその道の人に聞いたらしく、

——それは、内藤湖南という人のことでっしゃろ。

とずばり、図星であった。

予定した当日（一月末、早春の午前中）までに、Hさんは、道順を調べてくれていて、

——私もお伴してよろしゅうおますか。

とのこと。案内してあげましょうとの厚意であろう。私は願ってもないことと素直に受け入れた。瓶ノ原は京都駅から奈良線で一時間あまり、木津という駅で下りて、乗りかえて関西本線で一つ目の加茂駅で下りるという。われわれは木津駅からタクシーで目的地に向った。

湖南隠棲の地は瓶ノ原村恭仁《くに》山荘という。現在では、京都府相楽郡加茂町口畑という地名になっている。また所有者は関西大学で、セミナーハウスに使用しているとのことであった。セ

ミナーハウスという語感から、すっかり建てかえられて、かつての面影はないのかもしれない。木津駅からのタクシーの運転手さんも山荘は知らないようで、何度も道に迷いながら、瓶ノ原の田園地帯から、小高い丘の奥まった山荘を尋ねあてた。

町の役場を通して管理人の岡本明代さんにHさんが連絡してあったので、岡本さんが、丘からの坂道の途中まで出迎えてくれた。坂道を登りながら、岡本さんは、気さくに話しかけてくれた。学者や学生が訪ねてきても、やはり、それは稀なことで、ふだんは話し相手も少ないのだろう。岡本さんの口調にはひと恋しい気分が流れていた。

山荘の入り口のところに、貝塚茂樹文・小川環樹書の記念碑が立っていた。この高名な学者兄弟は、ともに湖南の弟子である。歳月と共に師の偉大さが偲ばれたのであろう。碑は戦後になって建てられたものである。

湖南は、昭和九（一九三四）年に六十八歳で亡くなっているから、死後三〇年近く経ってからのものである。

その記念碑を右に見ながら、一段高くなったところに門構えがあり、二百坪ほどの敷地に、母屋、手前に事務所棟、母屋の向う側が昔のままの書庫であるという。母屋は昔のものは取り壊し、現在のものは、関西大学の学長だった岩崎氏の郷里の民家を改築したものだという。これはこれで風情がある。湖南時代とはちがっているとはいえ、近代のコンクリート建築にならなくてよかった。

母屋の前に拡がる庭の樹木や庭石の何程かは昔の面影を伝えていることだろう。

高台の庭の南側には瓶ノ原村の田園風景が一望の下に見渡せ、右側にはうっそうたる竹藪が続いている。この風景もまた湖南の時代とあまり変わらないかもしれない。

案内されて母屋にあがると、広々とした広間が真中にあり、その四方に畳敷の個室が設けられている。天井は高く、梁がむき出しになった農村の古い民家風である。なるほど、これで学生たちは四方の個室に泊り、真中の広い空間で、講義を受け、討議・研究もできることだろう。考えようによっては最高の贅沢である。

岡本さんは来客名簿を見せてくれた。学者やゼミ学生らしい一行の他に、中国からの湖南研究者、あるいは欧米からの研究者の名前もあって、中国研究の奥行きや拡がり、そして湖南の歴史的影響も偲ばれて感動を誘うものであった。

――戦争直後の一時は、湖南先生もスパイ呼ばわりされて、大へんな騒ぎでしたが――。

岡本さんのあたりまで、時代の風は吹いてきたのだろう。〝日本帝国主義の手先き〟といったレッテルが、日本や中国の研究者の間で流行したことは想像に難くない。事実、湖南の中国の実地調査は、当時の外務省や政府の依頼を受けた場合もある。ジャーナリストとして時局を論じたこともある。しかし、湖南という存在が、そうしたレッテルをはるかに越えた歴史家であることは、やがて、日本、中国の学界で、自然に再認識されていったのであろう。

岡本さんはわれわれに茶菓を出して歓待して下さったが、待たせてあるタクシーのこともあり、私はある充足感と共に、恭仁山荘を辞した――。

＊　＊

瓶ノ原のことを友人のS君に話すと、彼は即座に、スラスラと一首の和歌を暗んじてみせた。

　みかの原　わきて流るる　いづみ川
　　いつみきとてか　恋しかるらむ

そういえば、私にもわずかな記憶があった。たしか小倉百人一首のなかの一首である。ただ、そのみかの原と、内藤湖南の瓶ノ原村とが同一であることに気づかなかった。

内藤湖南は、しきりに京周辺、近畿地方が歴史遺跡の宝庫であることを語っている。小島祐馬の場合は年老いた父が高知郊外で農業を経営していた。湖南の場合は代々儒者として桜庭家に仕えたが、主家を失ったあとは、土地とは縁のない知識階級であった。湖南は歴史家として、歴史遺跡の宝庫である京都と奈良の境いに隠棲の地を定めたのである。湖南は、この地で業半ばの著作を完成させるつもりであった。

たしかに瓶ノ原は、泉が湧いて川をつくり、豊かな沃野であったろう。

かつて聖武天皇は平城京での反乱を逃れて、この瓶ノ原に都（恭仁京）を構えた一時期があるという。

その聖武天皇は、歴史教科書では光明皇后の影にかくれて、はっきりしたイメージは伝えられていない。聖武天皇がいくつもの遷都を行ない、政治的に不安定であったことが否定的に語られることが多い。

しかし考えてみると、律令国家と藤原家の専制に対して、さまざまな反乱がおこり、律令制度も爛熟して破綻をきたしてゆく時期だが、

あおによし　奈良の都は咲く花の
　にほふが如く　いま盛りなり

と歌われた奈良時代の絶頂期、天平時代には仏教美術が開花し、行基が民間で活躍し、鑑真が唐から渡来してきた時期であった。聖武天皇はそのシンボルでもあった。もっともけんらんたる時代ともいえる。

聖武天皇についても、東大寺の上院主任、森本公誠氏が、最近、平城遷都一三〇〇年記念での講演で（奈良・東京朝日ホール）指摘されていることだが、聖武天皇自身が仏教思想の遍歴者であり、華厳経を根本原理とした無限世界の真理を説き、それまで律令国家の反対分子と考えられていた行基を大抜擢したり、盧遮那仏や国分寺建立など、律令の縦軸の身分制と横軸の水平な世界、同心円的世界の理想を対置した革命的思想家だったのではないかという、面白い仮説を提出されている（『奈良新聞』二〇〇二年一月三十一日）。

瓶ノ原村の恭仁山荘は、古い上代の恭仁京の跡である。歴史家湖南にとって面白くないはずはない。

さらに、近くには後醍醐帝が討幕の挙兵に破れて逃れた笠置山もある。瓶ノ原には海住山《かいじゅうせん》寺《じ》という寺があるが、この山は解脱上人といわれる高僧が隠棲したといわれる。その解脱上人は笠置山に壮大な伽藍を建立した人で、その伽藍があったからこそ、後醍醐帝も、難を逃れて側近たちと笠置山に籠られたのだという。

この「解脱上人の出られた家柄」について、湖南は昭和六（一九三一）年に笠置復興会という土地の人々を前に講義しているのである。

戦前、後醍醐帝と楠木正成はナショナリズムのシムボルであったから、土地の人々も話題は後醍醐帝に集中していたのであろう。昭和六年当時、笠置山に参詣する旅行客は、年間二五万人を数えたという。

湖南の話は、後醍醐帝だけを話題にして、その笠置の寺を建立した高僧解脱上人のことを忘れているのはおかしいという、皮肉も含まれていたかもしれない。

解脱上人は、信西入道の孫に当り、信西一族は、学問のある天才を輩出した一族であることを指摘して、日本中世史への造詣の深さを暗示しているのである（『先哲の学問』付録、『内藤湖南全集』第九巻所収）。

湖南の隠棲した瓶ノ原村の恭仁山荘は、以上のような由緒ある場所だったのである。

帰路、道順を覚えたタクシーの運転手さんは、木津川沿いに車を走らせた。

——いやあ、木津川の景色はすばらしゅうおますな。

とHさんは歓声をあげた。水量が豊かで緑の多い沿岸は、京都の鴨川などとちがう趣きがあって新鮮な印象をあたえたのだろう。

このあたりは木津川とか十津川とか、津の名のつく地名が多いことに私は気づいた。大岡昇平の描いた天誅組は十津川郷士であった。

小野小町の伝承以来、秋田には京都との血統的親近性を感じさせるものがあるのかもしれない。早い話、秋田の町では、時として、貴品のあるホリの深い顔立ちをした女性に出会うことがある。湖南の京都への愛着はそうした古い、古い無意識の集積の上にあるのかもしれない――。

＊　＊

全集と月報

『内藤湖南全集』（全一四巻）は筑摩書房から昭和四十四（一九六九）年に刊行された。当初、隔月刊の予定であったが、最終巻の配本は昭和五十一年、七年の歳月をかけている。

編集は神田喜一郎・内藤乾吉の二人。神田喜一郎（一八九七〜一九八四。漢学者）は湖南の直弟子の一人、内藤乾吉は湖南の長男で父と同学の人だったため、全集はきわめて丹念につくられており、すぐれた個人全集のひとつといってよいであろう。

内藤湖南に弟子は多いが、『敦煌学五十年』（筑摩叢書、一九七〇年）を書き、湖南の仕事のその面を継承した神田喜一郎はその人柄と年齢、立場などが編集に当るのにもっともふさわしい存在であったのだろう。

また筑摩書房は創業者の古田晁が会長に退き、二代目の竹之内静雄社長の時代である。竹之内静雄自身、京大中国哲学の出身者であり、吉川幸次郎（一九〇四〜八〇。中国文学者。京大名誉教授）に師事した存在である。だから、竹之内自身の積極的意志が働いたと考えられるが、本来、古田晁の盟友唐木順三も京大哲学出身者、三代目社長を務めた井上達三も京大哲学出身で、京大の人文関係者と親しい人が多かったから、『内藤湖南全集』は筑摩にふさわしい企画だったといえよう。のちに『吉川幸次郎全集』『田中美知太郎全集』も筑摩書房から刊行されているが、この場合も竹之内静雄の意志が強く働いたものと考えられる。

しかし、個人全集は商業的に採算が合うことは稀である。とくに読者の少ない文士、学者の場合はむずかしい。しかし、筑摩書房は伝統的に部数の少ない全集を数多く出しつづけてきた。これも伝統というものだろう。

創業者の古田晁は、「これは私の趣味だから、許してくれ」と社員に頭を下げて『石川淳全集』を始めた、という伝説がある。全集には色濃くその出版社の性格が出る。そして時代が経てば、後世の人間は、個人全集を通してしか、著作家の全体像に接することはできない。ただ全集からその著作家に接近することには、逆にひとつの限界があることに、私は最近になって気づいた。

全集はその個人の文章を最大限、収集、整理、編集してあるが、まったく個人の文章を選ぶわけだから、周囲との関係が視野に入りにくい。

したがって、その著作家の活躍した時代や社会の気分や雰囲気を摑むためには、初出の雑誌・新聞に遡って見なければならない。

たとえば、夏目漱石という作家は、われわれの世代は岩波版の『漱石全集』、とくに装釘の独特の唐草模様のデザインと共に記憶されている。

だから、漱石といえば岩波書店と子供のころから思いこんでいたが、のちになって中央公論の滝田樗陰が明治四十年代に初めて小説を掲載したのが漱石の作品であったこと。それ以来、樗陰は漱石に可愛がられた編集者であったことを知った。

さらに遡れば、漱石のデビューは友人の正岡子規の主宰する『ホトトギス』に『猫』を連載したことに始まり、その圧倒的な人気を見た朝日新聞の池辺三山が、東大講師の漱石を朝日の客員に招き、『虞美人草』『三四郎』が新聞連載小説として圧倒的人気を獲得する。

岩波茂雄が漱石と出会うのは、安倍能成他の友人を介して、『こころ』の出版を岩波書店の最初の刊行として成功させて以来のことである。いってみれば、漱石の晩年の知己であった。しかし、出版人としての岩波茂雄の才幹と誠意が『漱石全集』を成功させ、日本の学生、インテリ、文士たちの間に岩波書店のイメージを確立したのであった。

だから漱石の人生そのものを辿れば、岩波との関係は晩年の部分的なものなのである。全集を通しての著作家にはそうした盲点が生じがちである。

こうした全集の盲点を多少でも補うのが、全集につけられている月報である。とくに著作家の死後、まもないころにつくられた全集では、著作家の生きた息吹が具体的な人間関係として面白く伝えられる場合が多い。

『湖南全集』の場合、昭和九年に死んだ湖南の文章を三五年後に編集したもので、湖南の記憶が薄れかかったころで、同時代人はもはやみな去っている。月報の執筆者たちは、後輩、門下生、遺族などの層になるが、湖南は社交的で、京大教授となったのちも、新聞記者などとの交遊が続いていたようで、その連中は、自分たちを〝家来〟と称して湖南に親しんでいたようである。

瓶ノ原の恭仁山荘にこもってからも、来客は千客万来、現役時代にやりかけた未完の仕事を完成させるべく、著述に専念するはずであった湖南であったが、実際は来客との歓談・閑談に時間を費やすことが多く、また来客の来訪を湖南は喜び、楽しんでいたという。

木津駅で乗り換え、関西本線の加茂駅を降りて歩いてくる人々を、湖南は山荘の二階から望遠鏡で観察し、何時ごろ、誰がやってくるといってソワソワしていたと、次男坊氏は親爺を皮肉っている。

湖南の陽性な社交好きは、湖南の生涯と業績を振り返る際に、楽しさを倍加させる性格をもっている。支那学という地味で困難な世界を対象とする学者でありながら、生存当時から湖南の令名を高からしめたのは、この社交性に起因していた点が大きいだろう。

単なる社交性ではなく、新聞記者や政治家、官僚、外交官等、湖南は相手に応じて話題を提供できたし、相手の立場や関心を理解することができた。しかも現役の京大教授時代から若い学生に対しても真正面から相対して、誠実に相手の疑問に答えていたというから、相手方も感謝と共に湖南との永続的な交流を求めたことだろう。

さらに、湖南は通俗講談の積極的価値を認め、さまざま市民の同好会や研究会に出席して専門の研究をやさしい表現で語りかける話術をもっていた。全集や学術本にも、こうした講演記録が多く収録されているが、それが湖南の著作への幅広い読者を形成していったのかもしれない。

内藤塾ともいうべきサロン、通俗講談、そして、第三に湖南の世界を拡げたのは、中国大陸への八回の旅行、また一回のヨーロッパ旅行であろう。留学こそできなかったが、この旅行で、湖南は大陸の地誌に精通し、それぞれの土地柄、風土を実感し、さらに大陸の学者たちとの交遊や大陸の書籍の流通・保存に就いての実情をつぶさに把握していたのであった。

だから大陸の学者たちが忘れてしまった歴史上の学者・文人を湖南が発見して紹介するとか、大陸の文献から日本の古代を推理したり、日本文献から、逆に中国の同時代を類推するといった高等芸ができたのであった。

＊　＊

『湖南全集』の月報も、執筆者の層の拡がりが面白い。とくに最終刊の第一四巻は、村山家と共に朝日の社主である上野家三代目の上野淳一が、「内藤湖南先生と上野三代」を執筆されていて、湖南と朝日新聞社との関係が、朝日退社後も継続していたことを具体的に物語っていて興味がつきない。

月報の執筆者には、京大支那学関係の人々が圧倒的に多いが、考古学の梅原末治や東大の石田幹之助なども執筆している。いま、ここで、これ以上の紹介は避けるが、いずれ折りに触れて言及することもあるだろう。

ひとつだけ、内藤湖南を明治の時代、明治の社会と文化と関連させて考えるときに、面白いヒントを含む吉川幸次郎の文章を引用しながら、湖南という存在の社会的性格を考えておこう。

さすがに吉川幸次郎だけあって、多くの問題の指摘を含む文章だが、そのまま引用するとむずかしい。今日の日本人には読めない漢語の使用が多すぎるからである。趣旨を述べながら、〃ヒント〃を考えてゆこう。

——京都大学の創設は、唯一の国立大学であった東京大学の独善を防ぐため、東京大学の学問の啓蒙性実用性とはことなる学風の大学にしなければならない。

そのためには人事自体を異常なものとしなければならない。文科大学学長となった狩野亨吉は学歴はないがずばぬけた学力のある幸田露伴と内藤湖南に白羽の矢を立てた。また全体の総長であった木下広次氏も強力な推進者であり、またその背後には西園寺公望がいて、こうした強力な布陣が京大文学部の個性をつくる原動力であった。当時の文部省の俗吏は「たとい、孔子さんでも大学を出ていない人を教授にはできない」といったという。

また招かれた湖南の方に問題はなかったか。政治に野心もあった人間が書物の虫になるにはそれなりの決断が要るだろう。

と、述べて湖南の選択の背景を湖南の文章からいろいろと類推しているのだが、そこの文章で、

――あたかも夏目漱石が、逆に大学から新聞へはいったのと、ほぼ同時期である。

と指摘していることである。

私が面白いヒントといったのは、この指摘である。世に漱石が東大のポストを振って朝日新聞に入社したことを知っている人は多い。しかし、それと同時期に湖南が朝日を去って京大に赴いたことにあまり人々は気づいていない。

このことは明治の社会と文化、アカデミズムとジャーナリズム、文学と学問を考える上できわめて面白く重要なことである。

やはり明治四十年代には社会の流動性があり、その流動性が社会を活性化していたということだろう。それは学問の活性化であり、新聞ジャーナリズムの活性化となったのである。もちろん、当時でも〝抵抗勢力〟はあったし、頭の固い官僚・俗吏の方が多かったことだろう。しかし、そうした抵抗を排して、日本の学問体制の根幹を新しくする力が、日本の指導層にあったということである。

逆に日本の新聞もまた新しい血を注入することで活性化した。人間の集団は常にマンネリズムに陥いる。人間は今日も昨日と変らないことを欲するのがいつの世でも大勢なのである。し

かし社会を生き生きと血の通ったものにするためには、勇気ある少数者が問題の根幹を捉えて決断しなければならない。

池辺三山と内藤湖南

漱石と湖南の去就が逆の方向を辿ったとすれば、漱石を朝日に招いた池辺三山と内藤湖南の二人を対比してジャーナリストとしての性格を考えてみることも、二人の個性を浮かび上らせる上で有効であろう。

幸いにして、『朝日新聞社史（明治編）』（朝日新聞社、一九九五年）はよく考えられ調べた社史であるし、池辺一郎・富永健一『池辺三山――ジャーナリストの誕生』（みすず書房、一九八九年。のち中公文庫、一九九四年）は、おそらく最上級の伝記文学である。池辺一郎は三山の長男、富永健一は次女の息、すなわち孫である。一郎は画家、健一は社会学者だが、三山への愛情をもちながら、完全に客観的な叙述となっている。湖南の場合の長男乾吉のように、肉親によき理解者をもったといえよう。

くわしくは本編に入って検討してみたいが、日清・日露という明治国家の命運を賭けた二つの戦争の間を、二人は共に朝日新聞社で経験しながら、微妙にすれちがい、あるときは微妙に交錯しているのである。

ここでは、二人の生い立ち、青春彷徨、そして朝日新聞社での位置と役割をスケッチしておきたい。

湖南は北の十和田湖畔、南部藩の支藩の桜庭家に仕えた儒者の家に生れたが、三山は南の九州、熊本藩の二百石取り武士の家に生れた。二人とも幼くして周囲の人々に天才的な聡明を認められながら明治維新に遭い、維新後は禄を離れて家は生活に苦労する。

ただ、三山の場合は、明治十年の西南戦争に際し、父の池辺吉十郎が西郷方に味方して戦い、敗れて捕虜となり、戦後、処刑されるという鮮烈な経験をしている。時に吉太郎（三山）、十三歳、それ以後、一家のあるじとして生きるという過重な重荷を背負う。おそらくこの父のイメージが、三山にとっては生涯の問題となりつづけたろう。なぜ、父は西郷方に味方したのかを、三山は終生、直接はその問題について語らなかったが、心理的負担を負いつづけたろう。

その意味で湖南より三山の方が時代と真正面から向き合わざるを得なかったろう。

幸いなことに若い三山には郷里の父の友人・知人が同情し、漢学を学び、さらにその援助で東京遊学が実現する。

その後曲折はあったが、東海散士柴四郎や陸羯南の知己を得て文章を書き始める。二十八歳のとき、旧藩主細川護成の輔導役としてパリに行くことになる。このパリ行きが三山の将来を決定づけたといってもよいだろう。四年間のパリ滞在中、フランス語をマスターし、ヴォルテールを研究し、新聞を読んで欧州列強の、清国に勝った日本への干渉が起るであろうことを予見し、陸羯南の新聞『日本』に「干渉将に来らんとす」を第一回とした「巴里通信」を連載し始める。

湖南の場合は三山のような郷党の支援よりは独立で切り拓いていった色彩が強い。秋田師範を卒業し、小学校の校長代理などを務めながら、やがて両親に断りもなく東京に出奔する。秋田時代の師の紹介状をもって仏教学者大内青巒を訪ね、大内の主宰する『明教新誌』の編集を手伝い記者となる。

志賀重昂に認められ、重昂、三宅雪嶺、杉浦重剛の代筆を務める。この時代の先人たちは、若者の能力を敏感に評価し、能力ある者はどんどん仕事をさせる。まだ学制が整わず、学歴主義もなかっただけにすがすがしい。

以後、湖南の漢学の素養は、どこでも一目おかれるほどの実力を備えていた。ただ惜しむらくは若いときにヨーロッパ体験がなかった。それがジャーナリストとしての活躍や朝日新聞での位置について、三山ほどの中枢的役割を果たせなかった理由であろう。

ただ、その湖南が最初に二葉亭四迷のロシア語の能力を評価して、朝日に推薦したというから面白い。

＊　＊

二葉亭と漱石は共に、近代日本文学史に名をとどめる存在だが、当時のジャーナリズムの世界での存在として眺めると、漱石の英学、三山の仏学、四迷のロシア学、湖南の支那学と、それぞれに世界への視野をもった四人が朝日新聞という舞台で活躍していたといえるのである。

三山も二葉亭を評価し、漱石と並んで小説を書かせようと努力したが、二葉亭の場合はうまくゆかなかった。それでも三山は二葉亭の才能を愛し、その死後、全集の編纂のプロモーターでもあった。

ただ、運命の皮肉といえようか。朝日新聞が、日本のなかでその地位を確立したのは、明らかに池辺三山の主筆としての活躍に負うところが多い。しかし、その活躍が華やかだっただけに、主筆としての一五年間のあいだに、徐々に朝日社内に反池辺勢力が擡頭していった。とくに夏目漱石の門下生たち（森田草平、小宮豊隆、阿部次郎など）が編集をまかされた文芸欄に対する批判が高まったらしい。

その他の事件もからんで、村山社長とも対立してしまい、四十七歳で朝日新聞社を去ることになる。そのあとどのような人生があり得たか、面白い話題だが、退社五ヵ月後、心臓発作が三山の命を奪う。

これに対して、湖南は四十二歳で朝日を去るが、その活躍は三山に比べて地味で控え目だったのだろう。朝日とは客員として、のちのちまで関係を保ち、社主の上野家とは死後も良好な関係が持続するのである。

高橋健三という存在

湖南は明治二十七（一八九四）年大阪朝日新聞社に入社しているが、二十九年、いったん、朝日を退社し、三十三年に再入社している。

池辺三山は明治二十九年に主筆として大阪朝日新聞社に入社、三十一年から東京朝日主筆専任となっている。

この湖南の出処進退は、高橋健三という存在と関連している。当時のジャーナリズムと朝日新聞、また湖南の周辺を理解するためには高橋健三という、いまでは忘れられた存在を簡単に眺めておく必要があるだろう。

湖南が東京でジャーナリストとして活躍しはじめたとき、高橋健三もまた湖南を評価し、湖南を秘書役とし、自分と一緒に朝日新聞に入社させたのである。

高橋健三は奇人・鬼才の人ともいうべきか。先祖は秋田出身、父が江戸に来て本所で書法を教授する。健三は幼いときから利発で発想が面白く、両親は学者となることを期待したという。若くして英語を学び、大学南校に入って法律を修めた。

ひとに推められて官庁に出仕し、駅逓局、内務省、農商務省、文部省、内閣、内閣書記官長などを歴任。内閣官報局長のとき、それまで五、六千部であった『官報』を編集・販売両面から刷新し、二万二、三千部にまで伸ばしたという。

また、明治二十三年、フランスに派遣されて印刷機械の購入を命ぜられる。二月に東京を出発しておよそ七ヵ月、パリに滞在、印刷機械の完成をまって帰国した。それほど機械の購入が大切な事業だったことがわかる。

半年余のパリ滞在中、ドイツ、英国、ベルギーに渡って見聞をひろめる。

ところが、明治十年代は、伊藤博文のような政界の指導者も福沢諭吉のような啓蒙思想家も、挙げて、文明開化、欧化政策が世の流れであったが、明治二十年代になると、その反動として国民主義が勃興する。いまでいう反グローバリズムの季節に移るのである。

しかし、それは偏狭な国家主義ではなく、世界の趨勢を踏まえた上で、条約改正での不平等、政権の欧米諸国との妥協を拒否するといった主張として現れてくる。

その機関誌・紙であった『日本人』『東京電報』（やがて改題して『日本』）は、陸羯南・杉浦重剛などと共に、高橋健三も中心人物と見られていた。

こうした明治十年代の国民主義は、早く丸山真男も高く評価したように、昭和の軍国主義とちがった、文化的な国粋保存を核とした次元の高い思想を背景にもっていた。のちに高橋健三が朝日時代に創刊した独特の美術雑誌『国華』は、今日まで続いている伝統あるものだが、高橋健三たちの国粋が何を目指したかを物語る。

ところで、乞われて朝日に入社した高橋健三が志した路線は、のちに池辺三山が目指した路線と同質のものであり、戯作者根性を一掃して格調ある紙面とすることであった。

ところが、明治二十九（一八九六）年八月、第二次伊藤内閣が倒れて、九月十八日、松方・大隈内閣（通称・松隈内閣）が成立するや、高橋健三は乞われて内閣書記官長に返り咲く。

このとき、湖南はまたもや高橋健三に引張られて高橋の政策秘書（？）となり、内閣の施政方針の草稿執筆を依頼される。高橋健三という人はよほど魅力があったのだろう。身分が不安定になるにも拘らず、湖南はここで朝日新聞社を退社している。

しかし、自分自らも政治を志しながらもその夢が破れるのも早かった。湖南が起草した「施政の方針」草稿は閣僚たちによって無残に改竄され、意味不明、あいまい模糊としたものになってしまった。政治の現実を知った湖南は師高橋健三の慰留にも拘らず、政治を断念して、高橋の許を去る。

明治三十年、湖南は台北に創立された『台湾日報』の主筆となって台湾に赴く。台湾滞在は一年に過ぎなかったが、その間、台湾総督の児玉源太郎、民政長官の後藤新平と知り会う。帰国した湖南は黒岩涙香主宰の『万朝報』に論説記者として入社する。

この『万朝報』時代に高橋健三が結核で死ぬ。四十四歳の若さだった。湖南は遺族に頼まれて「高橋健三君伝」（『全集』第二巻）を執筆している。多才だった高橋健三は有能な官吏であり、ジャーナリストであり、美術史家であり、そして教育者であった。

遺言として新聞等に広告することを禁じ、ごく親しい人にだけ知らせるようにとのことであったが、伝え聞いて数百人の会葬者があったという。遺骨は染井の墓地に葬られた。

湖南はこののち、多種多様な人々と交わるが、高橋健三のような師ともいえる存在はそののち存在していない――。

『万朝報』時代は二年間である。同僚には幸徳秋水、堺枯川、内村鑑三などがいて、その間の交わりはいろいろ面白かったことと想像されるが、どうも資料ともなるものが見つからないらしい。

ただ高橋康雄『物語・万朝報』(日本経済新聞社、一九八九年)によれば、この『万朝報』時代、結婚した湖南が新婚旅行に鎌倉に行き、旅館で同僚だった高浜虚子たちに出会い、虚子たちとの間でからかい半分の俳句の応酬があったという。いかにものどかな明治ならではのエピソードである。正岡子規は湖南の俳句はだめだといい、湖南は子規の漢詩文はだめだといっていたというゴシップもあるが、この辺になると両者の真意がどこにあったのか、臆断はできまい。

――ともあれ、一度、朝日を飛び出した湖南は、明治三十三(一九〇〇)年、ふたたび朝日に戻った。朝日の側も、風雲急の中国大陸の情勢に、湖南のようなしっかりした支那通を必要としたらしい。

湖南は明治三十年『近世文学史論』『諸葛武侯』『涙珠唾珠』を書物として刊行、明治三十三年には中国紀行『燕山楚水』を刊行、いずれもベストセラーにはならなかったが、その道の人々に湖南の存在を認識させて名声を博したといってよい。

八回の中国旅行

『燕山楚水』は第一回の中国紀行である。飛行機のない時代、汽船と鉄道の旅がどのようなものであったか、その実情を伝えて面白いが、湖南の場合、風景や景観の観察よりも、中国知識人と会って筆談を繰り返しているところに特色がある。

幕末から明治にかけての日本人は漢字の読解力が高く、喋れなくても筆談で中国人との間で対話ができた。高杉晋作も上海でそれを試みているが、湖南も北京や上海でそれを試みている。湖南の素養と見識は中国の歴史と現情について、中国人と対等に話し合い、相手を縷々心服させるだけの内容と判断を含んでいる。そのいくつかを紹介してみよう。

——この度来遊され、あらまし中国のようすを見られたでしょう。今日の世を救うのに、いかなる方策があるでしょう。どこから着手すべきでしょう。どうか教えて下さい（清朝末期、政権の混乱と欧米列強の侵出に中国知識人は苦悩していた。明治維新を行い、日清戦争に勝った日本人に対しても謙虚であった）。

湖南　私の考えでは、貴国の積年の弊害は本朝（清朝）に始まったものではありません。遠くは（秦の世の）商君（商鞅）が井田の制度を変え、阡陌《せんぱく》を開いた（井田制による田地の区画をとりはらった）ことに根本があり、近くは科挙（文官任用試験）によって人材を登用したことが、美名はあって実効がなかったのです。それに加え郡県の制度になってから、地方官が人民の生活のよしあしに心をとめなくなったことがあります。

まことに中国史の根幹を衝いて明晰である。これなら、中国人と対等に議論できる。逆に向うから日本のことを聞かれて、

湖南　わが国の人は進むことにはすぐれているが、守ることはへたです。これは私の国にとっては深い病です。

日本の欠点もクールに観察していて的を得て客観的である。

また中国の革命についても的確でデリケートなことを語っている。

湖南　革命というものは実行すべきで、口さきで言うべきではありません。それにわが国でも列国との関係というものはあるのですから、わが国の識者は貴国の革命のその日までは、決してそれを言うことはできません。私の考えでは、わが国の識者がよく考究すべきことは、貴国の維新が成功したときに、いかなる統治の方法で人民とのあり方を一変さ

せるかにあります。維新そのものが発する機は、ぜひとも貴国の識者がまずそれを作るべきです。

明治四十四年に起った実際の辛亥革命の経緯、のちの共産革命の経緯を考えると、感無量のものがある。こうした歴史や将来への見通しと同時に人物評も面白い。

湖南　洋務の人材（西洋通の人々）は、たいてい軽佻浮薄であることは弊国も十年前は同様でした。しゃべることの達者なばかりで、書物をよみその意義を思索することはできませんでした。おそらく貴国でも数年後には、やはり思いを潜めみずから考える人が出るでしょう。厳又陵《げんゆうりょう》（厳復）の『天演論』のごときは先がけだと思います。

湖南は天津で厳復（一八五三〜一九二一。清末の学者。近代西洋思想を翻訳紹介）に会い、『天演論』という訳書をもらっている。はるかのちになって、アメリカのハーバード大学の天才的な学者、ベンジャミン・シュオルツが『厳復と西洋』（一九六四年。日本訳は『中国の近代化と知識人』平野憲一郎訳、東京大学出版会、一九七八年）という書物に著したが、厳復と湖南は実際に会っているのである（！）。

また当時は、日本で有名だった康有為について人物評を問われて、

湖南　康南海（有為）とは東京であったことがあります。あの人物は、才力は充分だが

識見と度量が足りません。態度もおもおもしさに欠けます。そして世をすくおうというのが志であるのに、このんで学義の異同を高くかかげ、人と論争します。失敗しやすいゆえんです。だいたい（政治上で）事業をなそうとする人が学義に関して偏見を立てるのは禁物です。そうするとみずから勢力をせばめ、ひろくその意見が世に行われないようにすることになります。

まことに辛辣である。しかし、こうした観察眼は国を越えて説得力があるはずで、湖南が八回の中国旅行を通じて重ねた中国人との対話は、日本の近代史上、きわめて貴重であり、日本人、中国人共にそこからもっと学ぶべきであった――。

この会話自体、小川環樹の訳出である。中公版『日本の名著』の『内藤湖南』には、巻頭に湖南の次男、内藤戊申氏による「湖南の中国旅行図」が掲載されている。詳細なもので、湖南の足跡が、鉄道、汽船、徒歩、乗馬、荷馬車によったさまが明瞭に辿られている。

明治三十二（一八九九）年に第一回、大正六（一九一七）年の第八回の旅行まで、湖南は丹念に各地を廻っている。政府・外務省に依頼された調査もあったとはいえ、偉大なる歴史家は偉大なる旅行家であることを証明するよき事例であったろう。

＊　＊

なお、中国人との対話で、湖南はしきりに北京や長安周辺の北支では地力（土地の生産力）が衰えていることを指摘し、将来の首都としては北京より、南の肥沃な地方の方がよいことを暗示し、

——もし東南の地域のゆたかな富で、自衛をはかるならば、財政は充分で武力も精鋭となることは、数年間でできることです。

と、北京の放棄と南支への割拠を推めている。

また北方については、

——将来、宗社の重地（たぶん満州をさす）はかならずロシア人の手に落ちるでしょう。

と、考えようによっては、欧米列強に対する中国の戦略的自衛策を提案している。これはかなり凄みのある国士的献策である。

この段階では、日本は中国の友邦たりえたし、湖南は中国知識人に対して友人として忠告しているのである。

ところが実際には、日本人は孫文の辛亥革命に共感し、支持しながら、国家の政策として踏

み切ることができず、後継者の蔣介石と敵対したために、孫文はソビエト・ロシアに傾き、蔣介石はいったん中国共産党と戦ったにも拘らず、日本の侵出が拡大するや国共合作に傾いてしまう。

また満州の地を占領したのは、日露戦争で勝った日本であった。

歴史とは皮肉なものである。時として個人の意志を越えてしまう。しかし、日中合作がまったく不可能な絵空事であったのか。日中双方にチャンスはなかったのか——。

改めて、湖南の発言に沿って、日中関係の可能性について検討してみたい。

〝脱亜入欧〟ということ——明治日本から大日本帝国へ

歴史にifは許されない、といわれながら、人間はくりかえしくりかえし、ifを問う。E・H・カーの『ボリシェヴィキ革命』（全三巻、宇高基輔他訳、みすず書房、一九七四年、新版一九九九年）を読んだI・バーリンが、「歴史はついに勝者の歴史であるのか」と反問したというが、これはある意味でifを変形した問い、発想ではなかったろうか。

そのひそみに倣っていえば、私には、明治維新も、日本近代も、さまざまな可能性がありながら、実際に選択した路線は最善のものではなかった、という気がしてならない。

明治維新の場合も、薩長の討幕路線は当時少数派だったのであり、大勢は土佐の山内容堂の描いた公武合体・大政奉還だったのだが、容堂は沈黙を強いられ、竜馬は暗殺され、将軍慶喜は逃げた。慶喜が将軍としての公的責任を自覚して、肝心の時に、自分の職責を果たしていれば、薩長の勝利はありえなかった――。

革命の力学はいつの場合も極端に流れやすい。フランス革命の権力が、ジロンド党から急進派のジャコバン党に握られたように、明治維新では公武合体派から急進的な討幕派に権力が移り、ロシア革命でもメンシェビーキはボルシェビーキに取って替わられた。

まあ、それでも明治維新による日本の近代化は、欧米諸国にもアジアの国々にも評価され、祝福された。

それに比べると、明治日本の脱亜入欧は一面で評価されながら、中国や韓国から加害者日本として糾弾され、その批判は今日に及んでいる。

池辺三山や湖南が活躍した日清―日露の間の時期はまださまざまな可能性を秘め、中国や韓国の知識人との間にさまざまの対話があった。その対話の時点に戻って歴史を考えてみたい。

＊　＊

『内藤湖南全集』第三巻は、明治三十三（一九〇〇）年から明治三十六（一九〇三）年までの『大阪朝日新聞』所載論説に全巻があてられている。

最初の朝日在社時代には、高橋健三の代筆という形式で書いていたから、湖南の文章と断定することは難しい。また、二回目の在社は明治三十九年まであるが、三十七、三十八、三十九年の論説は『全集』第四巻に収められている。

全体を通観すると、満州問題が圧倒的に多い。これは、湖南が支那通であり、現地を踏破し、背景となる清朝の政治と社会に精通していたからであるが、同時に、明治三十年代の外交問題・国際問題が、満州地域（中国東北地方）をめぐる清朝政府と欧米列強の、とくにロシアの野心を中心に展開されていったからである。

日清戦争が、李朝の朝鮮半島をめぐる清国と日本の覇権争いに発しているとすれば、日露戦争は満州地域をめぐってのロシアと日本の覇権争いに発している。

だから、湖南の論説が満州問題に集中するのも時代の反映である。

李朝の朝鮮も清朝の中国も、近代化に成功して近代国家の内実を備えていれば問題はなかった。しかし現実には、阿片戦争以来の欧米列強の帝国主義外交に対抗するには守旧派の支配が続いたままで、とても対抗する力をもてなかったのが問題であろう。

日本の立場は最初から微妙である。明治維新自体が欧米列強の侵出に対する危機感から始まるのだが、維新が成功して、曲がりなりにも近代中央集権国家をつくり上げると、隣国の李朝朝鮮の守旧派支配に苛立ちを覚える。明治六年の征韓論がすでにその苛立ちを具体的したものである。

それは朝鮮が独立を失い、清国や欧米列強の支配を受けるようになれば、日本自体への脅威となる。しかし外国勢力の排除を朝鮮自体でなく日本が排除すれば、それは日本の覇権拡張になることもまちがいない。ただ、最初のころの日本はまだ帝国主義の仲間入りという自覚はない。若いナショナリズムの登場であった。その点では池辺三山も内藤湖南もほとんど等しいナショナリストであり、対露強硬論であった。

不幸なことに日清戦争における日本の勝利と義和団事件は、清朝の中国がきわめて脆弱な国であることを全世界に明示してしまったようなものであった。

列強は日本の遼東半島の領有に反対しながら、自分たちの租借権を次々と拡大していった。とくにロシアはかつてのアジア東漸の動きを清国によって止められ、清露の間にはネルチンスク条約があったにも拘らず、義和団事件で出兵して以後、満州での軍隊をそのまま駐留させ撤兵をしなかった。

それだけでなく、さらに朝鮮半島にまで南下して閔妃と結んで自分の影響力を増大させようとした。だからといって日本の閔妃暗殺が是認されるものではないが、ロシアのマナーもない居座り工作は、中国にとっても、日本にとっても許容されるものではなかった。中国にそれを押しかえす軍事力・外交力がないとすれば、いつかは日露の衝突となる。列強のなかで、世界的規模でロシアと対立する英国は、日本と同盟を結んでロシアを牽制したのであった。

池辺三山と内藤湖南はともに対露強硬派である点ではまったく共通しており、若手の政治家・外交官とも一致していた。慎重であったのは、藩閥元老の年寄りたちであった。

明治日本はまだ若かった。だから、日本が公然と列強に伍して帝国主義外交に乗り出すのは大正時代、第一次世界大戦のころからで、内藤湖南は明治三十九年に朝日を去り、池辺三山は明治四十四年に朝日を退社、五ヵ月後に急死している。二人が帝国主義時代をどう論評したかを見ることはできない。

ただ、日本は日清戦争で台湾を領有し、日露戦争でロシアを朝鮮半島から押し返し、満州から軍隊を撤兵させ、南満州鉄道の権益を獲得し、明治四十三年には日韓併合を実行して朝鮮半島を植民地とした。

明治日本という若い国民国家は急速に、日露戦争の勝利と共に大日本帝国に変貌していったのであった。「満州はロシアに占領されるであろう」と中国知識人に警告した湖南であったが、実際にはロシアに代って日本が満州地域の独占的支配者となってしまったのである。こうした場合も、躊躇したのは元老の伊藤博文であり、米国の鉄道王ハリマンの満鉄共同経営の提案を蹴って満鉄の日本独占を主張したのは、小村寿太郎であった。だから、その意味では小村も内藤湖南も、日本帝国主義外交の加担者といえばいえないことはない。

ただ、問題は韓国も清国も政治体制が守旧派で占められ、近代国家の実質を備えていなかった。そして知識人たちの多くは近代革命を志していたし、日本の識者たちもまたそれを歓迎し、支援する者も多かった。

しかし、第一次世界大戦時、大隈内閣と加藤高明外相は悪名高い対支二十一ヵ条の要求を中国に強要した。これに対して、京大教授となっていた湖南は批判的で、犬養毅に議会で反対演説をさせたという。しかしもはや大勢は如何ともし難い。阿片戦争以来、帝国主義外交の本流は英国とロシアであった。

そのロシアを押し返し、初めてアジアの国家としてロシアに勝って非ヨーロッパの国々・民族の喝采を博した日本が、欧米列強と同じ行動を取り始めたのであった。本来、中国の知識人・学生の抗日運動は抗英運動として展開されるはずのものであった。日本の対支二十一ヵ条要求といった第一次世界大戦下での火事場泥棒的行動が、中国のターゲットを日本に向けさせたのである。

このことは、日本の悲劇、むしろアジアの悲劇というべきだろう。ただ近代日本の悲劇、あるいは近代日本の失敗を省みるとき、日露戦争の勝利そのものが、日本の満州経営につながり、あるいは日本軍部の思い上りにつながっていることを考えると、勝利そのもののうちに失敗の種が胚胎しており、禍福はあざなえる縄のごとし、といった感をもたざるをえない。

新聞記者から学者の道へ

池辺三山は新聞記者として華やかな主役を演じ、精力を使いはたして四十八歳で死に、湖南は幸い、学者の道に転じて、世界的に評価される日本のシノロジー（支那学）を確立したといわれる。その死は六十八歳（昭和九年）であり、三山よりも二十一歳長命であった。

三山の場合も、もう少し生かしたら、彼は何をしただろう。『池辺三山』の著者である富永健一氏は四〇年近い旧知の社会学者である。一夕、三山をめぐって閑談をしたときに富永氏は「明治維新論を完成させたかもしれない」という。たしかに、滝田樗陰が三山の口述を筆記して『中央公論』に「明治維新の三大政治家——大久保・岩倉・伊藤」を連載したがこれはもっと続くはずであったという。

たしかに、三山は西南の役で西郷に荷担した池辺吉十郎の息子でありながら、クールに客観的に維新の人物を眺めていた。

——それもあったかもしれないし、著作活動はなんらかの形でつづけたことでしょう。ただ、ひょっとすると政界に入ったかもしれませんね。

と私は私見を述べた。

三山は政界の有力者に多くあっている。それは記者としての取材活動であったが、政界の有力者たちも三山の能力をよく知っている人物が多かった。

そして、朝日新聞社には、高橋健三から緒方竹虎まで不思議に政界入りするケースが多い。三山の場合もきわめて有力な道筋でありえただろう。

＊　＊

三山と湖南は同じ時期に朝日新聞社に在社して、論説記者として腕を振い、その思想傾向も似ていた。二人はどこがちがっていたのか。三山は熊本から出て大阪から東京に住んだ。湖南は東北から出て東京・大阪・京都に住んだ。

三山は日清戦争のとき、藩公細川家の子息輔導役として四年間パリにあり、フランス語をマスターしてパリの新聞論調を知り、新聞『日本』に「干渉将に来らんとす」と三国干渉を予見した「巴里通信」を連載した。これが三山のジャーナリストとしての出発点である。

のちに夏目漱石もこの「巴里通信」を愛読したといっているほどだから、当時として抜群の反響があり影響力をもったであろう。事実、三国干渉は現実のものとなり、日本人全体が体験した事実なのだから。

これに対して、湖南は有名知識人の代筆からスタートし、履歴を重ねたが、最初に湖南の文名を確立したのは、『関西文運論』(のち『近世文学史論』)『諸葛武侯』二冊の著作である。おそらくこのちがいが三山と湖南の道を分けたのではないかと思う。

三山の文章はもっとも先端的な時局問題の論説であるし、湖南の場合は思想史の著作であり、有名な諸葛孔明の伝記である。どちらも儒学、漢籍の世界の仕事である。

こうした文章への発想のちがいが異なった道を歩ましめたのではないか。もちろん、三山も漱石と漢詩文の応酬をしたほど漢学にも素養があり、湖南も英語の塾に三年間通い、英語系の書物は読めたであろう。二人とも若いころは貧しく大学は出られなかったが、独学による学問の水準はずば抜けた水準であった。

湖南の場合も日清・日露間の緊迫した国際情勢のなかで時局を論じ政界を批評した。同時にくり返し、大陸に旅行して現地の見聞を拡めた。『台湾日報』の主筆として台湾に赴いたのも、日本の保有となった台湾という土地柄への好奇心が働いたためだろう。

しかし独学であるからこそかもしれない。湖南の漢籍類の収集癖は群を抜き、一種のマニアであり、独特の勘が働いていたことはまちがいない。

『大阪朝日新聞』の主筆を務めている間も、すでに京大の図書館に通い、狩野直喜、白鳥庫吉などと早くから交友関係にあった。

そして明治三十四（一九〇一）年、「京都大学の文科」「関西の文化と京都大学」「京都大学と樸学の士」という三つの京都大学論、東大とはちがった文科大学を創設すべきことを力説した論説を書いているのである。

政治に左右されやすい東大とちがう、実用的効率的でない学問を京大で確立すべきだ。樸学の樸は朴に通じるという。すなわち、飾らない学徒といった意味だろう。東京の学者たちは仲間が官僚や政治家となるために、自らも文部省の役人になったりして学問に専念する風がない。湖南は社会が整い秩序ができすぎると、人間は沈滞し、革命時代の英雄豪傑はあぶれてエネルギーをもてあます。そうした余計者を生かす道を考えるべきだと面白い議論を展開している。まさか、この時点で湖南が猟官運動をやったわけではあるまい。支那通が凝って支那学者になりつつあった湖南として、その交友が支那学の学者たちの間に拡がり、また大学の在り方に種々の理想を抱いたとしても不思議ではあるまい。

しかし、こうした論説は人々の間に印象づけられ記憶にとどめられたことも事実であろう。そして六年後に湖南自身が京大に招かれることが現実的なものとなるから人生とは不思議なものだ。朝日新聞社という環境に湖南が不満だったわけではあるまい。しかし、湖南のような支那通にして書癖が京都大学文科という地位により魅力を感じたことは事実であろう。

時に湖南四十二歳（明治四十年）、もし命があるならば、人生の新段階として学者の道が待っていた。志して故郷を出奔した二十二歳（明治二十年）から二〇年の歳月が経っていた。

しかし、この転向は湖南の生活態度まで変える出来事ではなかった。彼は学者・学生とつきあいながら、かつての新聞記者たち、政治家、官僚、坊主に至るまで、社交好きの彼は交際をやめることはなかった。湖南の偉さはそこにあったと思う。

新聞記者の世界と学者の世界、ジャーナリズムとアカデミズムは異質の世界ではなく、相補う世界であった。本来、人文の世界（ヒューマニティー）はそうあるべきはずのものである。

3　支那論の位置
――同時代中国をどう見るか――

法然院

湖南の墓は京都の法然院にある。左京区の鹿ヶ谷にある法然院は、小ぶりな、つややかな寺である。かつて文化人類学者の山口昌男氏（当時札幌大学学長）などと訪れたことがあるが、改めて湖南の墓を訪ねてみようと思った。この五月、機会を得て鹿ヶ谷に赴いた。

人間の記憶はあてにならない。かつて訪れたことがあってもすっかり道順が判らなくなっている。

鹿ヶ谷は古くは悲劇の主人公俊寛の山荘があったことで知られるが、明治以降、京都大学も近く、学者たちの住まいもあり、堀割に沿っての土手の道を、ハイデルベルクに倣って〝哲学の道〟と称したことでも親しまれた閑静な一帯である。かつて学者たちが散策した哲学の道は、いまや観光客や若者たちの観光コースでもある。

私は『中央公論』の編集者時代、京都に来ると哲学者の田中美知太郎氏（一九〇二～八五。哲学者）の御宅を鹿ヶ谷寺ノ前町に訪ねることを習わしとした。それはむしろ質素な構えだったが、応接間に通されると山積した書物がキチンと整理され、いつも整然とした佇まいに身の引き締まる想いのしたものである。

――最近、京都に面白い人は出ていませんか。

私はいつもの口癖のように、先生に伺うのを常とした。あるとき、先生は眼の前に積まれた本の山から一冊の戯曲集を取り出し、

――山崎正和という人の『世阿弥』という本だが、岸田國士賞を取っている。どうも京大の美学を出ているらしい。

私はその足で先生から住所を伺って郊外の岩倉村の農家の土蔵に住んでおられた山崎正和氏（劇作家・大阪大学名誉教授）を訪ねた。以来、今日まで四〇年に及ぶ交遊である。

さて、法然院は鹿ヶ谷の御所ノ段町、哲学の道、堀割を越えた坂道に沿った場所にある。銀閣寺の南、南禅寺の北に位置する。だらだら坂を昇るとすぐ左手に山門があり、その山門が額縁のように、ぽっかりと明るい境内を映し出す。凝った本堂などの建物群も全体が低層で、規模を抑えている感じである。この全体の様式や作庭の工夫が文人好みだったのかもしれない。

墓地は逆に山門の右手の斜面にある。全体の規模もそれほど大きなものではない。戦後、谷崎潤一郎が遺言でこの法然院に凝った墓を造り、われわれにも法然院の名は通っていた。

内藤湖南が葬られたのは昭和九（一九三四）年のこと。文人たちの法然院好みが始まった初期のころといえよう。この前来たときには、九鬼周造（一八八八〜一九四一。哲学者。京大教授。代表作『「いき」の構造』）の墓に感動し、湖南の墓には気付かなかったが、今回、探しあててみると、湖南の墓は九鬼周造の墓にきわめて近い。

九鬼周造は昭和十六（一九四一）年に亡くなっているから、墓はむしろ、湖南の方が古い。古いだけでなく、二つの墓を比較すると、九鬼周造の墓は断然、垢抜けていてモダーンである。墓石の左側面には、西田幾多郎の書が、寸心の名で彫られている。

それと比較すると、湖南の墓はいかにも発想が古い。湖南内藤先生と並んで夫人田口氏という文字が並び、その下に墓の字が彫られている。「入籍されているのに実家の姓をもちいるのは、支那の習慣であり、その流れを汲む日本儒者のしるし」（青江舜二郎氏）であるという。青江氏（一九〇四〜八三。劇作家。日本大学教授）のような世代の人々からみると湖南の墓がもっともうつくしく、その他の文化人の墓は「優雅であろうとして卑俗になっている」と痛烈な批判を下しているが、私たちの世代にはもはや正直のところ実感として解らなくなってしまっている。

ともあれ、湖南はあらゆる分野の先駆者であったが、墓所の選定でも先駆者で、法然院の墓所が文化人墓地になった流行の先駆けは湖南であったという。湖南は生前、法然院の景観を最も愛したのであろう。

晩年、京都から東の鎌倉に移り住んだ西田幾多郎は東慶寺に葬られているが、それに倣って和辻哲郎（一八八九〜一九六〇。倫理学者。京大教授。東大教授）の墓も、果ては大宅壮一（一九〇〇〜七〇。評論家。ジャーナリスト）や立原正秋（一九二六〜八〇。小説家）まで、東慶寺の墓所に入っている。もと駆け込み寺の尼寺であったという東慶寺も、やはり文人好みのはんなりとした色気がある。東の東慶寺、西の法然院は、明治以降の文人の再発見した美なのかもしれない。

おそらく、法然院の住職の方にも、文人と対話できるインテリが存在したのだろう。

『京大東洋学の百年』

どうも、世の中には不思議な現象があるものだが、こちらが意識を集中して一つのことを念じていると、世の中の方も、それに応じた姿を現わしてくれるものだ。内藤湖南に意識を集中しだしてから、書店に出かけても湖南に関連する書物がやたらと眼につき出した。果ては、新聞広告やパンフレットやチラシの類まで、湖南関係と思われる文字が飛びこんでくる。それは東洋史、中国史関係の書物群にも拡がってゆく。

今年の六月、家の近くにあるジュンク堂書店で、私は偶々人文関係の書棚に並んでいた京都大学学術出版会から発行された、『京大東洋学の百年』（二〇〇二年五月刊）という、新刊書を見つけた。礪波護《となみまもる》（大谷大学文学部教授・京都大学名誉教授）と藤井譲治（京都大学大学院文学研究科教授）という二人の編者の名前が表紙に出ている。

案の定、明治以降の日本の東洋学の大家たち八人の評伝を、その直弟子もしくは孫弟子が書いたものである。その八人は左のような人々である。

狩野直喜

三浦周行（一八七一〜一九三一。国史学者。京大教授）
内藤湖南
濱田耕作（一八八一〜一九三八。考古学者。京大教授から総長）
羽田亨《はねだとおる》（一八八二〜一九五五。東洋史学者。京大教授から総長）
小島祐馬
宮崎市定《いちさだ》（一九〇一〜九五。東洋史学者。京大教授）
吉川幸次郎

いずれも京都大学文学部史学科の学者たちであり支那学《シノロジー》確立の中心人物たちである。ふつう、京都学派とは、西田幾多郎を中心とした哲学科の学者たちを指すが、京都大学には哲学に劣らない、世界的な史学者の群れがあり、その一群の人々も〝京都学派〟と呼ばれていたという。だから、本来ならば、京都学派とは、哲学と史学の両方を視野に入れて考察の対象としなければならない。

私自身、若いときから哲学に傾斜して京都学派の問題を哲学科を中心に考えてきた。最近、明治大学教授竹田篤司氏の『物語「京都学派」』（中公叢書、二〇〇一年）に刺激されて、「京都学派ルネサンス」という短文を『読売新聞』紙上に書いた（二〇〇二月三月二十一日、二十八日）。それはここ五、六年、もしくは一〇年、京都学派哲学の再評価の動きが出てきていることへの私の感想を書いたものである。

礪波・藤井両氏編の『京大東洋学の百年』は、哲学界での竹田篤司氏の『物語「京都学派」』と同様の効能をもっている。文章のスタイルや性格はちがうが、史学での京都学派再評価への呼び水的役割を果していることである。

それはこの書物の成立について、編者の礪波護氏が序文に書いている説明が、よく新しい動きの経緯について簡にして要を得た文章となっていることで解る。

明治三十九（一九〇六）年、京都帝国大学文科大学の名の下に創設された京大文学部は、平成八（一九九六）年、創設以来九〇年にして人文科学という一学科に統合され、大学院重点化が実現した。

その文学部九〇周年と新校舎の竣工を祝って、東洋と西洋の二部からなる公開シンポジウムが開催された。その東洋の部の企画を礪波護氏が担当された。

そこで全体のテーマを「創設期の京大文科《東洋学者群像》」と銘打って、十一月三十日、杉山正明氏（京都大学大学院文学研究科教授。新潮社『クビライの挑戦』でサントリー学芸賞を受賞した）の司会で、狩野君山（直喜）、三浦周行、内藤湖南の三人を取り上げ、高田時雄氏（京都大学人文科学研究所教授）、藤井譲治氏と礪波護氏が講演し、討論を行った。

ちなみに西洋文学系は「西洋における表象文化《文学と芸術のあいだ》」をテーマに講演と討論を行なったという。両者の問題意識の差が現われていて面白い。

平成九（一九九七）年には『京都大学百年史』全七巻のうちの部局史論三巻が上梓され、記念式典が行われると共に「知的生産の伝統と未来」と銘打った記念展覧会が開催された。

その展覧会には「古代への情熱」ほか一〇個の展示テーマがあり、その五番目が「東洋学の系譜」であったという。

この展示「東洋学の系譜」を修正して『京大東洋学の百年』は成ったという。編者はこの本の限界も十分心得ながら、執筆者は全員が「対象となった先生方の教室における孫弟子あるいは受業生である」ことを誇らしく語っている。

まさしく、〝京都学派〟の復活現象は、京大百年、大学院重点化による人文科学科への統合、記念シンポジウム、記念展覧会等、公式の制度的行事の上に乗って復活してきたことが解る。

＊　＊

私は東京の門外漢、一介のジャーナリストとしてこうした経緯を知らなかった。『内藤湖南全集』を繙いて、手探りの旅を始めてから、この書物に出会った。砂地が水を吸いこむように、この書物から多大の事柄を学んだ。とくに編者の礪波護氏が執筆した内藤湖南と宮崎市定の項から多くのことを学んだ。

もちろん、八人の対象となった学者たち全員に関心もあり、八人のなかで、小島祐馬、宮崎市定、吉川幸次郎にはお目にかかっていて、その風貌姿勢をいまでも思い浮かべることができる。

しかし、学生として学んだ人々とは雲泥の開きがあり、私の場合は印象の域を出ない。門弟の方々の幸せを心からうらやましいと思う。戦後の混乱期に育ったわれわれの世代は、特に私の場合、家庭の事情からも、その余裕はなかった。無理を通せば進めないこともなかったが、アカデミックな世界への通路がよく判らなかった。ともかく書物に縁のある世界として出版社を選んだのが実情だった。

そうした私にとって礪波氏の評伝は、同時に湖南研究のための関連文献の案内書ともなっており、素人へのよき入門書なのであった。

書痴の方法

湖南は途方もない書痴であったらしい。その書庫には国宝級の和書、漢籍があったという。この収集癖は生来のもので、東京に出てきてからすぐに始まっている。郷里の毛馬内の家でも、父親の十湾も貧しいなかでかなりの蔵書を持っていただろうから、その蔵書で、書物を見る習慣と勘は養われていたかもしれない。

一度、火災にあって全蔵書を失ってしまうが、そのあと、身分の不安定な新聞記者時代も収集癖がつづき、彼の家に集まる友人たちは書物の山に埋れた彼と対している。社交好きで彼の家（下宿）はつねに梁山泊のようになっていたが、その友達も、貧乏な彼がどうやって本を買うのか不思議だったという。

中公新書で『内藤湖南』を書いた弟子の三田村泰助（一九〇九〜八九。清朝史。立命館大学教授）は、湖南の偏執狂的収集癖は血統的なもので、享楽的性格が書物の収集癖に現われたのであろうと推測している。

京都の街は土地柄から古書も古本屋も多い。京大時代の湖南が存分に収集癖を発揮して楽しんだことはまちがいない。

今日でもこの書痴の類いの人間は後を断たない。さまざまなタイプの書痴がいるが、私の同世代では山口昌男と文芸評論家の高橋英夫だろう。高橋英夫は高校時代、小林秀雄の初版本を誇示して私の度肝を抜いた。山口昌男の場合は国際的放浪者だけにその収集はケタがはずれている。海外に出るとそれぞれの国の古本屋街を探査して、有り金をはたいてしまうらしい。ペテルブルクのホテルの食堂で朝食をとっているとき、ばったり山口昌男に出会ったことがあった。このときも——粕谷、本を少し東京まで運んでくれないかという開口一番のご挨拶。私も山口昌男の運び屋になった光栄を担ったのである。

こうしたクラスには及びもつかないが、私自身も一種のささやかな書痴なのである。

つねづね書痴の性格と資格について考えるのだが、およそ五つくらいの要件が考えられる。大書痴・内藤湖南への敬意のために、それをここで述べておこう。
一　欲しい書物が街のどのような本屋に行けばありそうか、一種の嗅覚が働くことである。大宅壮一はのちに大宅文庫に結晶する雑書を集めていたが、地方に旅行するときも時間があると古本屋に入り、かなりの量のまとめ買いをしていた姿を、私は直かに眺めたことがある。

二　衝動買いを辞さない。欲しい本を見つけたときは、値段や財布を気にしない。とにかく欲しい本は手に入れる。金はあとから自然になんとか工面がつく。

三「本は読むものではなくもつものである」と東畑精一（一八九九～一九八三。農政学者。東大教授）は名言を吐いたが、本を貯えること自体が楽しいし、価値あることだという信念がなければならない。

四　本はそれぞれ個性的な表情をもっている。著者、出版社によって、装釘、版型、見返し、奥付、文字や文字の配列についての趣味があり、それを識別することは楽しいし、また個人、個人の好き嫌いがある。本もまた上品・下品の差がおのずと出てくる。木村荘八（一八九三～一九五八。洋画家。代表作に『東京繁盛記』）、恩地孝四郎（一八九一～一九五五。版画家。装釘に萩原朔太郎『月に吠える』）、花森安治（一九一一～七八。ジャーナリスト。『暮しの手帖』編集長）、田村義也や栃折久美子（共に装釘家）、といった装釘の違いを思い浮かべることは楽しい。

五　本は友人である。身近によく整理された書棚にある本は、不断に対話できる。こちらの気分でその日の相手はことなるし、同じ本でも身近になったり離れたりする。次第に生身の人間より、本の中の著作家の方が身近になってくる——。

閑話休題。礪波教授の文献案内に沿って、私は早急に文献を購入したいと思った。手許にあるものもあったが、専門誌や同人誌、小出版社から出たもので私の知らない文献もあった。私は知り合いの古本通のE子さんに頼んで、至急、関連文献の所在を調べて購入してもらいたい旨、リストを手渡した。E子さんは、私が長年通っている酒場「風紋」で知り合った仲だが、アルバイトに来ていたキリッとした小柄な美少女で、口数も少なく私も長い間、あまり口も利かなかったが、最近になって古本屋に勤め始めたという。話してみると人並みはずれた本好きのようで、古本屋勤めで古本の探索方法をマスターして、頼むと一週間以内には大抵の本は手に入る。

新刊本屋では地味な本は大抵、一ヵ月から三ヵ月で店頭から消えてしまう。だから広告を見たらすぐ切り抜いて本屋に行かないと、もう手に入らない。しかし一方で、コンピュータの発達で、古本の検索が全国規模でできるようになり、もっとも安い値段で手に入るようになった。E子さんのような存在は、書痴にとっては神様のようにありがたい。

何回かの購入で親しくなってから、彼女は問わず語りに身の上話を始めた。高校時代に登校拒否症になり、それ以来、独力で自分の道を歩んできたらしい。「風紋」の女将、林聖子さんを崇拝しており、自らも古本屋とスナックを経営するのが夢だという。大都会には彼女のように聡明でありながら鋭い神経と感受性から、学校生活で傷つき、自分にこもってしまう子も多いのだろう。

＊　＊

礪波氏の示唆で湖南には三冊の評伝が存在していることを教えられた。第一は、三田村泰助『内藤湖南』（中公新書、一九七二年）である。これは当然、私も所有していて、かつて眺めたこともあったのだが、いつのまにか蔵書から消えていた。幸い後輩のM君の好意で、中央公論社に一冊だけ在庫が残っていることがわかり、早速、送ってもらい熟読することができた。

湖南の直弟子であり、長男の乾吉氏とも親交のあった三田村泰助氏は、同じ中公新書で最初に『宦官』を書き、ベストセラーになったことで一般に知られているが、明治四十二（一九〇九）年生まれ、明朝、清朝の研究家である。

この書物は湖南の晩年の学問を中心に書くつもりであったが、乾吉氏の示唆で「青年時代、新聞時代に関心が移った」とあとがきに書いている。おそらく乾吉氏が青年時代、新聞記者時代の面白さと重要性を暗示したのだろう。〝晩年の学問〟を論ずることも面白く、三田村氏はその有資格であったと思われる。その部分があっさりとした叙述になっているのは残念な気がするが、逆に儒学に素養のある三田村氏が、内藤家の系譜と家学に本格的に取り組んだお陰で湖南の血統の中に流れる学問の性格について明確になったことはありがたい。

湖南は実の父、祖父のみならず、母の実家の外祖父の泉沢修斎（一八〇六～七〇。儒学者）がすぐれた儒者であったことが判明したことは大きい。そうした血筋のなかに特有の性格があり、湖南の性格にも流れている遺伝子のあることを指摘していることは興味をひく——。

第二の千葉三郎『内藤湖南とその時代』（国書刊行会、昭和六十一／一九八六年）と第三の青江舜二郎『竜の星座——内藤湖南のアジア的生涯』（朝日新聞社、昭和四十一／一九六六年）はすでに稀覯本に属すると思うが、E子さんの検索ですぐ浮上してきた。

千葉三郎氏は、秋田魁新報の記者であり、昭和元（一九二六）年生まれのジャーナリストとして著作も多い方だが、この湖南伝もジャーナリストの才筆で、かつ丹念に調査が行き届き伝記としても秀作の部類に入ると思う。とくに青年時代、毛馬内、綴子、秋田といった土地について土地勘をもつ氏の叙述はすぐれており、東京に出てからの学友との交友など、郷里の資料を駆使して精彩を放っている。

第三の青江舜二郎も同郷の劇作家であり、東大の印度哲学を出た変わり種である。千葉氏とはちがったためずらしい資料も使って史実にも発見が多いが、独特の評価基準があって、判断に飛躍がある。

それはともあれ、伝記的分野で後世の私たちにはこれほどの詳細な資料収集と丹念な分析はむずかしい。私の仕事も、こうした先人の業績に史実を頼りながら、ジャーナリズムとアカデミズム、史学と哲学、日本史と支那学、東洋史と西洋史といった世界の再構築を主題とすることになるであろう。

『支那論』の位置

内藤湖南は明治四十（一九〇七）年、四十二歳のときに、新聞記者を辞めて京都大学東洋史学講師となり、二年後、京都大学教授となっている。ジャーナリストを辞めて大学人となったわけである。

それは本来、儒者の家に育った湖南として当然の道といえたかもしれない。学歴がなかった湖南としては、同郷の狩野亨吉という奇人ともいうべき学者を抜きにしては実現しなかった転身であったが、新聞記者として歩みながら、彼自身の関心もまた吸い寄せられるように支那問題から支那学の世界に向かっていった。

内藤湖南が確立した内藤史学ともいうべき歴史学の世界は、きわめて奥行きのある、多面的な世界を持っている。だから湖南の代表作は何かを問うときに、その答えはひとによって、関心の方向によって違ってくるだろう。しかし、新聞人であり、大学人でありえた湖南は、生涯、同時代への強烈な問題関心を維持しており、彼の古代中国への関心、また日本文化や東洋文化、また絵画史への関心は、同時代史への関心と矛盾せず、連続しているのである。

だから、内藤史学の検討に入るにあたって、『支那論』の考察から入ることが順当な判断ではないかと思う。

『支那論』は、大正三(一九一四)年、四十九歳のときの作品である。湖南の著作のなかでは最も広く読まれたものである。実際には湖南の五回にわたる連続講演を朝日新聞記者高畠政之助が速記したものが基になっている。従って文章が平明達意であり、一般の読書人に解りやすかったせいもあるだろう。

『支那論』が刊行される二年前、明治四十五(一九一二)年には、『清朝衰亡論』を刊行、また、一〇年のち、大正十三(一九二四)年には、『新支那論』が刊行されており、この三冊は、『全集』

第五巻に揃って収められている。

ということは、京大教授となったのちも、湖南は一貫して、同時代史としての支那の帰趨について凝視しつづけ、彼の判断と予見を公表していたことになる。これは大学教授の仕事というより、言論人としての仕事であり、また知識人の責任と考えていたのだろう。

この三冊の書物のうちに湖南の対支那認識また同時代分析の方法、内藤史学の性格の基本があるといってよい。そこから内藤史学の世界に接近してゆこう。

＊　＊

湖南の支那への関心は、そもそも著作家の最初からのものである。処女作『近世文学史論』と共に書かれた『諸葛武侯』は日本人好みの孔明の評伝である。折りから、日清関係が緊張し、明治二十七（一八九四）年から二十八年の日清戦争となるが、湖南は朝日新聞記者としてこの戦争を論じ、報道している。また、明治三十二（一八九九）年、三十四歳のときに初めて支那大陸にわたり、厳復、羅振玉（一八六六～一九四〇。清代末、民国期の学者・政治家。宣統帝師傅。満州国参議府参議。監察院院長）ら知識人と会い、筆談を通じて意見を交換している。

また明治三十六（一九〇三）年にはロシアの満州経営の実際を見たうえで、対露強硬論、対露主戦論の一人となり、明治三十七（一九〇四）年から三十八年の日露戦争では朝日新聞記者として戦局に関して多数の論説を書いている。明治日本にとっては「条約改正問題と朝鮮半島問題」が二つの外交主題であったといわれるが、湖南もまたこの外交主題に沿って認識を深めてゆき、朝鮮半島と満州の情勢が終始、関心の中心となり、その同時代観察が同時代史的認識に深まってゆくのである。

日清・日露の戦争が終わっても支那問題が解決したわけではなかった。清朝の衰微は明白であったが、これからの支那はどうなるのか。それは湖南の、そして日本人の最大関心事であったのである。

明治四十四（一九一一）年には孫文らによる辛亥《しんがい》革命がおこる。革命は中途で挫折し、南京で一度は大総統となった孫文も、北方の軍閥と妥協し、清朝皇帝の溥儀は退位したものの、袁世凱が孫文に代わって大総統に就任し、首都を北京に移した。しかし、その袁も大正四（一九一五）年、みずから皇位につこうとして、国内の反対と列強の反対で失敗し、袁は憤死したといわれる。

湖南が『清朝衰亡論』を書いたのが明治四十五（一九一二）年、『支那論』を書いたのが大正三（一九一四）年、いずれも支那大陸の政治的混乱を背景とした言論であった。

ところで、大正四年初頭、大隈重信内閣の加藤高明外相は、第一次大戦がはじまって、欧米の関心が薄れた機に乗じ、「対支二十一ヵ条要求」という、支那大陸における日本の権益の拡大をはかった、露骨な帝国主義外交を展開し、袁総統の中華民国に要求を突きつけたのであった。

俄然、支那大陸では排日気運が昂まり、東京の在日留学生たちまでが反対運動をおこしたのであった。湖南は日支関係の今後を心痛し、知己であった犬養毅を通して議会で反対質問をさせている。

近代日本外交のなかで最大愚挙といえよう。本来、支那の反帝国主義運動の矛先は英国やロシアに向けられるべきものであった。ところがこの火事場泥棒的行為は、支那の反帝運動の矛先を日本に向けることになった。日本の民間人のなかには孫文と辛亥革命への共感が拡がっていたにも拘らず、政府と外交官僚の意識が早くも民意や世論と乖離してしまった歴史的事例といえよう。

大正十三（一九二四）年、湖南が三たび筆をとって『新支那論』を公にした背景はここにある――。

＊　＊

明治四十五（一九一二）年に書かれた『清朝衰亡論』は、その構成が面白い。

十七世紀、ヌルハチを創始者とする清王朝は満州におこった満州族の王朝である。漢民族は三百年あまり異民族の支配を受けたわけだが、湖南はこの清王朝の三百年を展望して、兵力上の変遷、財政経済上の変遷、思想上の変遷という三つの次元から考察して結論を出している。歴史の推移を発展ではなく変遷として捉えているのも面白いが、三つの次元のうち、財政問題にもっとも頁を割いており、次に軍事問題を重視して、思想問題に割いている頁が少ない。

軍事問題でも財政問題でも湖南の筆は具体的かつ詳細であって、数字をあげて論じている。湖南の清朝史の知識は該博で体系的である。彼の読書量もたいへんなものだが、同時によい参考書の収集が巧みだったのであろう。

支那学の湖南というイメージは誤解をあたえるが、湖南の思考法、分析法はまったく新しい。戦後の日本でいう社会科学的分析に近い。

今日もまた衰亡論の季節である。戦後の日本ではアメリカ仕込みの近代化論が流行し、しばらく離陸（take-off）という発想に象徴されるように、先進国と発展途上国に二分し、先進工業社会には進歩と発展しかないように思われてきたが、近代社会、近代国家もまた衰亡するのではないか、といった疑念が広く芽生えてきている。高坂正堯の『文明が衰亡するとき』、塩野七生の『ローマ人の物語』があれほど読まれるのは、その疑念と無関係ではあるまい。内藤湖南の時代は、逆にギボンの『ローマ帝国衰亡史』に始まり、福地桜痴（一八四一〜一九〇六。ジャーナリスト）の『幕府衰亡論』まで、衰亡は歴史の基本概念の一つであった。湖南の『清朝衰亡論』もその延長上にあった。

湖南は『清朝衰亡論』の結論部分で、辛亥革命が挫折したのち、支配者となった袁世凱と、革命派の孫文との間を、世界の列強が仲裁して両者を和解させようとしている動きに対して、

——今、実権を握って居るかは知らぬが、満州朝廷の主権者でも何でもない所の袁世凱といふ者を革命党の相手方として、それに対した処が、何の効力があらうか。

（『全集』第五巻、二五〇頁）

さらに将来を見通して次のように結論しているのは、湖南の卓見であり、今日に生きる名言であろう。

——革命党といふものは成功するかせぬか、それは言はんでもよろしいが革命主義、革命思想といふものが成功することは疑が無い。

――政体の選択に就いて他国の内政に干渉するといふことは、随分昔の神聖同盟などが欧羅巴にあった時代ならば知らず、今日では余り流行しませぬ。私の考では当分黙って懐手をして見て居る方がよいと思ふ。……（中略）支那はどうしても大勢の推移する所は如何ともすることの出来ない国柄である。（『全集』第五巻、二五七頁）

と達観している。この点は今日の中国がどうなるかという問題でもまったく同様で、かつての清王朝も、中華民国も、共産中国も、他国が介入してどうなるものでもない。なるようにしかならないのである。

＊　＊

さて、次に中心になる『支那論』であるが、湖南は序文である「自序」において、かなりユニークで面白い見解を書いている。

「自分は全く支那人に代わって、支那の為に考へて、此の書を書いた」のだが、「今日のやうな状態では、モハヤ支那の為に考へるといふ必要は、遠からず無くなるかも知れない」と悲観的な観測を述べ、これからの支那には北清事変のときのように、列国の聯合政治（都統政治という）が出現するかもしれない、という。これからの支那は自分が本書で述べたような解決策

か、列強の聯合政治しかないのだが、

――我が日本が此の如き時機が到着した際に、支那の人民を救済すべき準備があるか。これは政府当局者に問ふのみではない。我が国民に切実に問ひたいのである。

（『全集』第五巻、二九六頁）

と日本人自身に問いかけ、警鐘を鳴らしていることは銘記すべきだろう。湖南は支那人と日本人の双方に向って詰問しているのである。

同時に、支那社会の中核には、「良民の代表たる父老」という存在があって、「父老の歓心を得ざれば、継続した統治は出来ぬ」と断定し、孫文らの革命党も、その「新鋭の意気にまかせて、父老の歓心を得ることを配慮しなかったために」、これまでの諸賊と同じ結果になってしまった、という。

――この父老収覧といふことは、その法制の善悪を問はず、人格の正邪を論ぜず、支那における成功の秘訣である。

――父老なる者は外国に対する独立心、愛国心などは、格別重大視して居る者ではない、郷里が安全に、宗族が繁栄して、其日其日を楽しく送ることが出来れば、何国人の統治の下でも、柔順に服従する。長髪賊の李忠王を官軍に密告した者は、郷人に打殺された。支

那に於て生命あり、体統ある団体は、郷党宗族以上には出でぬ。（『全集』第五巻、二九七頁）

これは中国の民衆についての伝統的解釈に沿った見解であろうが、湖南の認識が歴史・社会の基層の部分を押えている卓見であり、今日でも生きている伝統なのかもしれない。

＊　＊

『支那論』の本論は五つの章から成り立っている。

一、君主制か共和制か
二、領土問題
三、内治の問題の一　地方制度
四、内治の問題の二　財政
五、内治の問題の三　政治上の徳義及び国是

最後に附録として七つのテーマが論じられており、立憲政治、革命軍、中華民国承認等、緊急かつ重要問題が情勢の推移と共に論じられている。

一の君主制か共和制かの章では、共和政治が歴史の趨勢であることを詳細に論じているが、ここに、湖南史学の独自の時代区分論が展開され、支那の上古以来の歴史をどう理解すべきか

を構造的に説く卓説が述べられ、『支那論』全体のなかでのもっとも重要な章となっている。

二の領土問題の章は、古来、中国史のテーマである異種族統治問題が取り扱われ、漢、唐、元、明それぞれの王朝の事例をあげてやはり問題を歴史的構造として捉えている。

三の地方制度の章は、階級制度を細分化しても、小さな区画をいくらつくっても、よい統治とはならないという持論を展開し、近代的な官制を実現する条件を模索している。

四の財政問題の章では、「清朝衰亡論」と同じく財政の重要性を強調し、無制限の借款の危険性を指摘し、軍隊の在り方、農民負担の軽減、穀物輸出解放論に及んでいる。

五の政治上の徳義と国是の章では、政治道徳の問題を論じ、新しい政治の在り方として国是を確立すべきことを力説している。

日本でも明治維新成って以来、五ヵ条の御誓文にはじまり、明治憲法の成立まで、国の基本となる国是をしっかりつくっていったことを評価して、政治家個人の能力を超えて、政治家、官僚、民衆が協力して守るべき国是を確立すべきだと、湖南は支那人に代って、訴えているのである。

それぞれに面白い内容があるが、これまでの解説で『支那論』の骨格はわかったであろう。時代区分論などは湖南史学の面目であるが、改めてのちに論じたい。

とにかく『支那論』は当時の支那人にとって、また隣国である日本人にとって、緊急な課題である辛亥革命以後の混乱した中華民国をどう統治し、安定させるかという課題に、湖南が渾身の力を振りしぼり、該博な歴史知識を総動員して、バランスのある判断を慎重に提出していることがよく解るのである。

＊　＊

最後に、一〇年後に書かれた『新支那論』である。『支那論』において、著者は内藤史学の一特性である〝時代区分論〟を展開して支那の歴史を通観しているが、『新支那論』でも、内藤史学の特色である〝文化中心の移動説〟を使って事態を説明している。これも大切な主題であるが、またのちに改めて検討することにしよう。

一〇年後に書かれた『新支那論』の特色は、日本の「対支二十一ヵ条要求」のために、排日気運が高まった結果、日支間でひょっとすると衝突があるかもしれないという緊迫感から、第一章の「支那対外関係の危険」の章は「破裂は日本より始まる」という表現を使い、日支の衝突もしくは戦争の予感を述べていることである。

しかも、支那の前途への悲観論、革命中国の前途への悲観論から、日支の衝突止むなし、日本による支那社会の改革にまで言及していることである。このことは七年後におこる満州事変、のちの満州建国をまで予感し、見通しているような感じである。

このことは、今日の眼からみれば、許し難いことに映る発言であろう。そしてまた、内藤史学は「五・四運動以後の新しい動きにはまったく無知であり、そこに限界がある」といった戦後左派の知識人の発言と判断を正当にするようにもみえる。

しかし、丹念に『新支那論』を読み、その論旨を詳細に検討してゆくとき、今日に生かすべき歴史的認識が豊富に語られているのである。湖南再評価の旅に出た私としても、この点を率直に、具体的に語るべきであろう。

＊　＊

論旨の第一は、「支那関係の諸外国も今日程めいめいに利己的ではなかった」（『全集』第五巻、四八九頁）として、北清事変のときの列強が協力一致して行動したのとちがってきており、第一次大戦後、ロシアは革命で消え、ドイツは敗戦で消え、フランスはもともと深い関係になく、残った英、米、日、は昔のように英国中心で治まらなくなってしまった、と湖南は判断しているのである。

——米国は国際関係を歴史の上に打ち立てないで、従来の関係をすべて帳消しにする遣り方を採る国である。それで自国さへよければ外のあらゆる関係は皆無視して終わって、自国が現在一番勢力のある位置に立って居る事実、その事実を中心とした関係を対支那問題の上に成立させようとして居る。

（『全集』第五巻、四九六頁）

と語っているが、今日のアメリカ外交にも通ずる一面を浮き彫りにして面白い。結局、英国も米国に追随するであろうし、支那との問題と正面から取り組まなければならないのは日本だという情勢になってきているという湖南の判断なのである。

論旨の第二は、支那の政治及社会組織は、政治の世界と底辺の民衆の社会生活とはあまり関係がない、という歴史の傾向である。政治が人民の利害に関係があったのは両漢までの時代であるという。

支那社会の基層は、厳格な家族制度であり、郷国自治であり、天子も官僚の支配もその世界に及んでいない、というのが基礎的認識である。

論旨の第三が東洋文化中心の移動説で、簡単にいえば、黄河流域におこった中国文明は次第に運河に沿って南へ、東へと移動してきており、また地域だけでなく、階級間でも中心が移動し、古代の名族に始まって、読書人階級、商人階級と中心は移っている。

この場合、東洋文化の発展からいえば、支那とか日本とか朝鮮とか安南といった国民の存在などは言うに足らない問題であるという。

これこそ内藤史学の独特なところで、文化は国民よりも大きな次元であり、国家を越えた観念であるという信念であろう。

また、こうもいう。「欧米や日本などのごとき、その民族生活に於て、支那より自ら進歩して居るなどと考へるのは、大なる間違の沙汰である」。

こうした思考から、かつてモンゴルや満州族が漢民族を支配したように、日本の軍国主義や侵略主義なども取るに足らない問題である。支那の工業化が日本人の力で達成されることも捷径かもしれない……。湖南は支那の自発的革新の可能性を模索しつつも、こういう判断に踏みこんでしまうのである。

湖南の問題と湖南の新しさ

明らかに、湖南には満州事変以降の日本の行動を合理化・正当化している面がある。その意味で、湖南には戦争責任がある。しかし、その根底にある歴史観は、当時の日本を支配した軍国主義の意識とはまったくちがう。

また湖南は、支那では赤化政策は成功しないと判断していたのであり、昭和九年に死んだ湖南は、それ以後、満州事変、日支事変、太平洋戦争、日本の敗北と大陸からの撤退、国共合作から国府軍と共産軍の内戦、共産中国の成立と、歴史の巨大な転換を予想しえなかった。その意味で「五・四運動以後の中国」をまったく理解できなかったといわれても仕方がない。

しかし、問題はその先にある。二十世紀が戦争と革命の世紀であり、二度の世界大戦とロシアと中国における共産革命政権の成立という大きなドラマを成立させた。しかしまた、二十世紀はそれ以上に進んでしまった。

自由世界と共産世界の対立は、ヨーロッパにおいてベルリンの壁に象徴される〝冷戦〟を惹きおこし、アジアにおいて朝鮮戦争、ベトナム戦争という〝熱戦〟を惹きおこした。挙句の果て、一九八九年のベルリンの壁の崩壊にはじまり、ソ連帝国の崩壊、ソ連共産党の解党という結末になってしまった。

中国においても、毛沢東の文化大革命を経て、鄧小平の中国となり、社会主義市場経済という、よくわからぬ体制が出現した。鄧小平を継いだ江沢民政権はどこへゆくのか。

しかし問題はこうした中国の行方という現実問題だけではない。十九世紀から二十世紀にかけて、知識人と青年の心を捉えた社会主義もしくはマルクス主義と唯物史観という世界観が崩壊したのである。

二十世紀はかつての偉大なる理想が、巨大なるイリュージョン（幻想）であることを証明してしまった。現実の西側の資本主義経済体制がよいというのではない。理想を再構築しなければ、人類は向うべき目標を見出しえない。世界史はどこへ向うのか？

〝中国は脅威か、崩壊か〟という命題もまた決着がつかないまま、現実は進行している。こうした時点に立つとき、かつてマルクス主義によって否定された、さまざまな歴史観や哲学が、新しい相貌を帯びて甦ってきているのではないか。この湖南への遥かなる旅もまた、そうした模索の一環としての旅なのである。

4　通史の独創性
——全体（文明）の観察者たち——

史林散策

『史林』とは、京大史学科の機関誌だったはずである。東大の史学科の機関誌である『史学雑誌』よりは味わいも、風情もある名称である。その『史林』にあやかって、京大史学科に就いて、勝手な放談をしてみたい。京大史学科を中心に、明治以降、日本に発達した歴史学、日本史、東洋史、西洋史の学問の性格についての感想である。

＊　＊

本来、歴史は大学の専有物ではない。日本でも明治維新を招来した原動力として挙げられる頼山陽の『日本外史』は、明治期の徳富蘇峰の先達として、漢詩人、漢学者ではあったが、むしろジャーナリストに近い存在と考えられてよいだろう。

また欧米の文明に接触した先覚的知識人であった福沢諭吉や、『米欧回覧実記』を著した久米邦武（一八三九〜一九三一。歴史学者。東大教授）は、具体的な欧米の文物に触れたところから始まった全体（文明）の観察者であった。その久米邦武はのち、東大教授として日本史を講ずるが、古代神道に関する論説が問題視され、職を辞し、大隈重信（一八三八〜一九二二。政治家。東京専門学校〔現早稲田大学〕創設者）に拾われて早稲田大学に奉職している。

この全体の観察者という性格は、学制が整備され、西欧の近代史学が本格的に導入されてからも、大学の史学者の間で、失われてはいなかった。

東洋史での狩野直喜や内藤湖南も全体の観察者だったが、同時期の西洋史や日本史の学者を眺めても、この全体の観察者という性格を強く持っていたように思われる。

たとえば坂口昂（一八七二〜一九二八。西洋史学者。京大教授）の場合、『概観世界史潮』（岩波書店、大正九／一九二〇年）、『世界に於ける希臘文明の潮流』（岩波書店、大正十三／一九二四年）といった世界史を大摑みに捉えるヴィジョンがみごとである。J・ブルクハルト（一八一八〜九七。スイスの歴史家・美術史家）に代表される十九世紀のヨーロッパ史学に学びながら、自分の知見を加え、ギリシア文明の近代文明への影響、あるいは地中海からエジプト、インド洋までの拡がりを描いて規模雄大である。

当時、ベルリン大学で古代史の碩学として知られていたE・マイヤーの『歴史の理論及方法』を弟子に翻訳させていることからも判るように、近代史学の理論や方法についても造詣深く、当時の日本の史学界で指導的地位に立っていたと想像される。

また、原勝郎の場合、『東山時代に於ける一縉紳《しんしん》の生活』（創元社、一九四一年）は有名で、戦後にも繰り返し復刻されているが、その前提として、彼の『日本中世史』（冨山房、一九〇六年、東洋文庫、一九六九年）がある。制度的には西洋史学者である原勝郎が日本中世史のもっとも優れた史家であった。

自由奔放な発想と行動、流麗な文章は、同時代の第一人者との評価を受けている。こうした業績を知ったあと、私は偶然、古本屋で原勝郎の『世界大戦史』（同文館、大正十四／一九二五年）を見つけ、びっくりした記憶がある。考えれば当然のことだが、京大で大正九（一九二〇）年から十二（一九二三）年にかけての講義録で、大正十三（一九二四）年以後、門下生によって発刊されたものだが、坂口昂、西田幾多郎、新村出（一八七六〜一九六七。言語学者・国語学者。『広辞苑』編者）が助言したという。よい友人、知人、同僚を持っていた。そういえば『東山時代に於ける一縉紳の生活』は鈴木成高氏が、また『日本中世史』は富士川英郎（一九〇九〜二〇〇三。独文学者。東大教授）氏が解説を書いている。後世にもよき知己を持ったというべきだろう。

原勝郎の場合には全体の観察者という性格は直接見えてこないが、自由奔放で、独創的なテーマを選び、日本、西洋の別なく、中世と現代の別なく、人類の営みへの鋭い直観が働いて、立ち所に対象を選ぶことができたのだろう。『世界大戦史』では、歴史家としての工夫よりは同時代史の記録者の意識が強かったようである。複雑な欧米各国の情勢分析は緻密、正確であり、後世史家は一つの証言として活用すべき書であろう。

日本の近代史学は、こうしたヴィジョンをもった先駆者によって形成されていった。

坂口昂は常識に富んだ円満な性格だったようだが、原勝郎の場合は東北の岩手県盛岡市出身で、生涯、東北弁丸出し。よくキャンパスで怒声を発していたことは有名で、家庭でも息子たちが京都弁を使うとぶん殴ったというから、東北の田舎者で生涯を通し、野人の精力を貯えていたのだろう。その彼が〝東山時代の一縉紳〟について名著を書いたのだから、考えてみるとおかしい。

歴史に素人だった和辻哲郎が『古寺巡礼』（岩波書店、大正八／一九一九年）から始まり『日本古代文化』（岩波書店、大正九／一九二〇年）を著したとき、京大の内藤湖南、原勝郎、濱田耕作などから、さまざまな示唆とヒントを得たらしい。その時も原勝郎は和辻哲郎を怒鳴りつけたというゴシップがあるが、原勝郎の場合、怒鳴りながら愛嬌がある。対象への愛情を相手に感じさせるものがあったらしい。

西田幾多郎もその人柄を愛し、早逝を惜しんだという。

＊　＊

京大の西洋史も面白いスケールの大きい人材がいたが、日本史でも同様である。西田直二郎（一八八六〜一九六四。歴史学者。京大教授）の『日本文化史序説』（改造社、昭和七／一九三二年）は、早くから評判の高い名著であったが、河合栄治郎なども、強く推賞していたことが学生時代、印象に残る。

『日本文化史序説』は、日本文化史の叙述でありながら、その前篇で〝自我の発展〟と歴史学の関係に触れ、ヨーロッパのクローチェ、リッケルト、コンドルセー、バックル、リール、フライターク、ブルクハルト、ランプレヒト、ヴィンデルバントなど、ヨーロッパ史学、哲学の大物を縦横に論じながら、新カント派の人間中心の批判主義の方法を採用しているが、ここにも、日本とヨーロッパを比較しながら、ヨーロッパの近代史学の方法で日本史を文化史的に研究するという意識が貫かれている。

＊　＊

また、考古学の大御所であり、のち京大総長を務めた青陵・濱田耕作は、考古学を「人類の起源を探る学問」と規定し、日本、朝鮮半島、中国大陸に現地調査を行い、ヨーロッパの考古学、遺跡発掘にも強い関心と理解を示した国際的存在であった。

その随筆集『百済観音』（イデア書院、大正十五／一九二六年）では秋草道人・会津八一（一八八一～一九五六。美術史家・歌人・書家）の歌を表紙に飾る趣味人であった。

今日、考古学界は捏造問題で揺れている。学問の民衆化自体は結構なことだが、こうした事件を耳にするたびに、かつての濱田青陵のような貴人の存在が輝いて想い出されることも事実である。歴史学の補助学的位置を越えて「人類の起源を探る」規模雄大な精神を甦らせて欲しいものである。

『支那上古史』の成立過程

さて、湖南に戻ろう。『全集』第一〇巻は、湖南の通史三篇、『支那上古史』（弘文堂、昭和十九／一九四四年）、『支那中古の文化』（弘文堂、昭和二十二／一九四七年）、『支那近世史』（弘文堂、昭和二十二／一九四七年）を収めている（後者二冊は、刊行当時『中国中古の文化』『中国近世史』と題された）。いずれも、湖南の死後、長男の乾吉氏が、辛抱強い丹念な執筆を続けられて、戦中戦後という困難な時代に公刊されたものである。

『支那上古史』の刊行は終戦直前であるが、もとは京大の講義録で、多くの湖南の著書がそうであるように学生の筆記した講義ノートを整理し、その上で自らの筆を加えてゆくという方式がこの場合も採られている。講義は、大正十（一九二一）年、同十一（一九二二）年のものを使っている。

だから、書物の公刊は、講義の二三、四年後のこと、その構想と内容は今日でも古い感じはしないから、講義以来、脈々と歳月を越えて生きつづけていたことになる。

この『支那上古史』の成立過程を、乾吉氏の解説及び神田喜一郎の「内藤湖南先生と支那古代史」及び「補遺三題」（共に『敦煌学五十年』筑摩叢書所収、一九六〇年初版／一九七〇年叢書版）に依りながら簡単に述べておこう。

＊　＊

湖南が朝日新聞社から、京都大学講師として移った明治四十（一九〇七）年、東洋史概説を講義しているが、その内容は支那古代史であったという。

「古代史ニハほと〳〵閉口に御座候」と、富岡謙三氏宛のハガキに書いている（乾吉氏による『全集』第一〇巻あとがき）。それはそうであろう。新聞記者として取り組んできたのは、同時代としての清朝史であり、清朝哀亡史であり、辛亥革命であったことは、前章「支那論の位置」で見てきた。得意なのは現代史としての支那にあったろう。

しかし、湖南は学者としての自分を確立するためにも、古代史から体系的に勉強し直すことを決意をしたのであろう。湖南は猛然と古代史関係の資料を集め、文献に片端から目を通している。「閉口した」という言葉には「わからないことだらけだ」という嘆きと同時に、新しく学ぶことの喜び、楽しさが、にじみ出ているように思われる。

事実、湖南は閉口しても自信を失ったわけではなかった。彼にはすでに若いときからの素養に基づく、古代史への勘が働いているのであり、また古代史への最短距離を歩むことのできる環境が整っていたのである。

神田喜一郎は長男乾吉氏と共に全集編纂の責任者を務められた方だけあって、湖南の理解も多面的で、その想い出を語った「内藤湖南先生と支那古代史」と「補遺三題」は、実に面白く優れた文章である。

それによれば、

――明治の末から大正の初にかけて先生の学問は大きく転廻しはじめた。それは先生の境遇が現代時事問題を主とする新聞記者という職業から専ら学問の研究のみに没頭し得る大学教授にかわられたという大きな変化による外、支那にいわゆる辛亥革命がおこって、先生にとっては旧友の羅振玉及び王国維の二人が亡命し来り、我が京都の東山浄土寺町に居をトし、先生がこれらの人と日夕往来して旧交を温められるに至った結果であると思う。

と推断している。

羅振玉は、湖南が明治三十二(一八九九)年、中国大陸に渡ったときに対面し、筆談した一人である。学者として、古代史の甲骨文の解説と敦煌発見の古書の研究に熱中していた存在である。

湖南自身も敦煌古書の調査のため、明治四十二(一九〇九)年九月、狩野直喜、小川琢治《たくじ》(一八七〇〜一九四一。地質学者・地理学者。京大教授)、富岡謙蔵、濱田耕作といった京大の同僚と共に、北京に赴き、学術視察報告を出しているが、羅振玉が京都にきて、大正三(一九一四)年、『殷虚書契』や『考釋』を出版したことが湖南を刺戟したのであろう。翌大正四(一九一五)年、支那古代史への体系的理解の上に「支那上古史」を講ぜられたという。

京大に移って八年の歳月を経ている。それ以後、湖南は支那古典についての高等批評の領域に入ってゆき、文科大学の機関誌『藝文』に「王亥」と題する論文を発表して学界の視線を集めた。また狩野直喜外遊中の大正元(一九一二)年、支那哲学の講座を受け持ち「尚書の研究」をテーマにしたという。

湖南の古典研究の特色は、加上説といわれ「古い時代の伝説ほど後世につぎつぎに加上せられたものである」という仮説を立てているが、この加上説は、湖南が若いころから傾倒していた江戸時代の学者、富永仲基の仏教研究に由来している。富永仲基は一種の天才学者で、その著書『出定後語』において、大乗仏教の成立過程をこの加上説によって説いたという。

また支那古代史研究の必読文献、清の崔述の『考信録』も、新聞記者時代、明治三十年代に読んでいたという。

湖南の支那古代史の素養は若いときから備わっていたのである。

湖南の視野はそれだけではない。同志社大学から出講されていた日野真澄というキリスト教学の学者がおられたが、湖南はこの日野真澄氏に、聖書の高等批評の方法について、根掘り葉掘り質問されたという。

また、湖南とフランスのシノロジーの学者たちとの交流は有名だが、碩学アンリ・マスペロの『古代支那』（一九二七年）を読んでおり、クーランジュの『古代都市』の話を旧友松本彦次郎（一八八〇～一九五八。歴史学者）から興味深げに聞いていたという。

内藤湖南は早熟で、世界的視野に立った近代史学の建設者だったのである。その意味で学問とは常に独学であり、独り手探りで一歩一歩、歩んでゆくのが、学問の道なのであろう。

＊　＊

湖南が上古史として扱っている対象は文字通り、神話・伝説の時代であり、三皇五帝時代に始まり、堯舜、夏殷、西周、春秋、戦国、秦楚の時代を経て、前漢の時代、後漢の武帝の時代に及ぶ。

ホトホト感動するのは、人類と時代へのヴィジョンであり、全体を摑む構想力、そして、細部をよく押えて正確な史実を確定しようとする歴史家としての態度である。

神話・伝説の時代については、論語、史記、詩経、尚書といった中国古典を自家薬籠中のものとして自由自在に駆使して、神話・伝説のなかにある史実の原型を確定してゆくみごとさである。その場合、神話・伝説に対しては、富永仲基の加上説に従い、古い伝説ほど後の加筆が加わっていることを繰り返し指摘している。

また人類の文明は河口周辺に発生することを、暗に、エジプトやアラブ、インドの最古の文明との比較を意識しながら描写しているところは、湖南の視野と見識をあれこれ想像させて面白く、また中国の伝説の原型は、洪水伝説であると断定していることはナルホドと思われて楽しい。

また次第に史実の明確な春秋、戦国時代になると人物の性格の細部を押え歴史文学に近い洞察力を発揮している。また戦国時代、諸国を遊説してまわった〝游士〟が、堕落して、〝游侠〟の徒になったという指摘などは、〝遊侠〟の語源を問わず語りに語って楽しい。

個々の事実の確定には新しい時代に新しい発見があるだろう。しかし、全体のヴィジョンと見識において、湖南が中国人も感心する素養と能力、見識をもち、欧米の学者と互角の競争意識をもっていたことが、行間から感じとれる。明治時代の日本の学問の水準は断然、人文科学でも光彩を放っていたことはまちがいない。

＊　＊

湖南が、この『支那上古史』のなかで、もっとも多く頁を割いているのは、秦の始皇帝、漢の高祖、漢の武帝である。これは三人の業績からいって当然のことであるが、始皇帝に対する評価は高い。焚書坑儒で悪名高い始皇帝だが、戦国ののち、はじめて天下を統一し、「車同軌」と「書同文」、すなわち、度量衡を統一し、文字を統一したことは偉大であり、さらに人倫の教えを説き、富豪を都に集め貨幣を統一した始皇帝は、非常に聡明で、精力絶倫、権力を臣下に委ねない独裁者で、支那の天子としては珍しく活動的であったことを指摘している。

後世に残した悪例は、封禅（険しい山に登って祭る礼）、巡幸（諸国を巡って人民に費用をかける）、神仙（不老長寿を願う）といったことで、焚書坑儒は、戦国時代の旧例に固執して人民を惑わすのだから、秦の法律を学ばせるためには当然と、あっさり片付けている。

また漢の天下を樹てた高祖については庶民のなかから生れた自然児で、学問のないことが虚飾がなくてよろしいと、これもあっさりと学問の害毒を実感している湖南の言として面白い。

漢の武帝は秦の始皇帝の版図をさらに拡大した存在で、五十余年のながい間、天下に君臨した。自ら儒学を好み、秩序の整った時代に儒学の礼楽でこれを飾ったという。

武帝時代の外政の課題は匈奴の脅威を除くことで、匈奴征服がその積極的課題となった。そのこともあって、中島敦（一九〇九〜四二。小説家。代表作『山月記』『李陵』）の描いた李陵といった将軍の悲劇や司馬遷の名前もしばしば登場し、霍去病、霍光といった文学作品でお目にかかる名前も坦々と乾いた口調で語られている。

ただ、この武帝については『支那上古史』だけではなく、一緒に『全集』一〇巻に収められた『支那中古の文化』（これは昭和二／一九二七年、退官後、講師として行なった最後の講義だという）の初めにも、その財政政策、教育政策が詳細に論ぜられており、編者が『支那上古史』と『支那近世史』とをつなぐ部分が欠けていたことから、便宜的に挿入したものらしい。

通史としては不完全で、湖南にはその能力があったのであるから、本来なら概説としてやるべきであったが、講義の分担で、富岡謙蔵に譲ったりしたために実現しなかったのは、後世の私たちには不幸という他はない。

それでも湖南の鮮やかなヴィジョンは見えるのであって、湖南史観の面白さは変わらない。

『支那中古の文化』

この書物については、逐次的解説はやめよう。それよりも、湖南の独特の観察として、時代区分、仏教の伝来と仏教の老荘化、学問の中毒、曹操の文学趣味、偽善者と煮え切らぬ人物の出現、竹林の七賢の行状、そして全体としての貴族中心の時代といった面白いテーマについて感想を述べておこう。

停年後の講師としての講義だっただけに、いずれの章もエッセンスを短く要約したもので、アカデミズムの制約を脱して、洒脱で禅味を帯びた文士風の感性が働いている観がある。学歴がなかっただけに、湖南は同僚に伍して負けない猛勉強を重ねていたことだろう。しかし立派に学者としての仕事と義務を果たしたとき、湖南は本来の社交好きな文士の境涯に戻っていったのではなかろうか。

学問を尊重しただけに、湖南は学問の中毒に敏感だった。仏教も支那に入ると、戒律を重んずるよりも老荘化したであろうし、文化が爛熟すると弊害として偽善者や偽悪者を生んだことだろう。知識が豊かになるほど、煮え切らぬ決断のできない人物が生れてくる。

こうした観察は、古今東西変わらぬ人間世界の真実であり、歴史の真実であろう。

湖南は後漢の末ごろから唐の末ごろまでを中古（中世）と考えており、中世は貴族中心の時代であったと考える。

その貴族の理想は、「居宅としては良田広宅あり、山を背にし流れに臨み、屋敷のまはりに溝あり竹木植ゑられ、前には畑あり、後には果樹園あり、舟車を有し徒歩徒渉の難なく、召使が居って自分の身を労役する代りのものあり、親を養ふには珍味備はり、妻子には身を労役する如き苦労なく、朋友が集れば酒肴を振舞ひ、吉日先祖を祭る時には犠牲を供へることが出来、自分の所有する庭や林でゆるゆると遊ぶことが出来、川の遊びをしたり、涼みをしたり、釣をしたり、鳥の狩りをしたり、自由に散歩するだけの場所を有し、その自宅では安楽な暮しが出来、昔の道を得た人と同じ境涯に居ることが出来、道に達した人々と道を論じ書を講じ、天地の有様を観、古来よりの人物を評論し、琴を弾じ、世上の事を遊び半分に考へることが出来、当時の責を受けず（仕事をせず）長生をする。かかる生活をすればその心持は天を凌ぎ宇宙の外に出で、帝王の門に出入することを羨む要はない」と貴族の理想とする生活を具体的に述べている。

中世の支那では、こうした貴族中心の時代がほぼ実現していたのだという見方である。

現代と比べれば、マルクシズムのプロレタリア史観描く共産社会よりも上品なのではなかろうか。

時代区分論

『支那上古史』と『支那中古の文化』に続いて『支那近世史』に入るのが順序であるが、ここで湖南の時代区分論さらには時代区分一般のもつ歴史の面白さに触れておきたい。よく知られていることだが、湖南は世上の普通の議論とちがって――通常は明・清以降を近世と考えたのだろう――宋以降を近世と考えるべきだという独特の時代区分論を提出したことで有名である。

それは湖南が、支那中世を貴族中心の時代と考えることと関連しており、その貴族中心時代は宋の時代に入って変質し、貴族政治が廃頽して君主の独裁政治が代って興ると考えているためである。

それまでの中世にも君主はあったが、多くの貴族が宮廷の周辺におり、君主を助けて、多様で多元的な力が働いていた。その貴族層が社会の変質と内乱で崩壊してゆく。宋以降は君主の権力が超然として強大となり、宰相以下の家臣層が矮小化してゆくことを湖南は指摘している。これは一見識であり、ヨーロッパでも中世から近世への移行期に専制的な絶対君主が出現して統一国家をつくる。日本でも平安から鎌倉、室町、戦国の中世を経て、近世初頭には、信長、秀吉、家康といった強力な専制君主が出現する。

湖南は、日本やヨーロッパと同質な変化を支那社会にも認めてよいと考えたのであろう。これは簡単には結論の出せない難問であるが、史家としての湖南は、この時代区分論こそ歴史学の根本という一流の勘が働いたに違いない。

＊ ＊

ここで、余談になるが時代区分についての私の経験を語らせて頂きたい。

戦後日本では、マルクス史観の流行で、古代奴隷制、中世封建制、近代資本制、そして未来の共産制という発展段階説が、世界史の基本法則であるかのような歴史書が山積みになった。私はどうもそれについてゆけなかったが、その内に面白い説と書物が現われた。

第一は、文化人類学者石田英一郎（一九〇三〜六八。文化人類学者。東大・東北大教授などを歴任）氏の『展望』に載った発展段階説批判である。石田英一郎氏は華族出身。大学時代はコミュニストとして指導的役割を果たしたが、両親が心配されたのだろう。ヨーロッパ留学という亡命の道を歩み、ヨーロッパの学問に触れて転向した。石田英一郎氏の人類学者としての業績は誰しも認めぬものはあるまい。『河童駒引考』や『桃太郎の母——ある文化史的研究』などはよく知られた古典である。石田英一郎氏の転向の場合はもっとも生産性の高い転向というべきだろう。

その石田さんが書いた発展段階説批判である。私にも目が醒めるような想いのした経験だが、影響も大きかったことだろう。

石田さんの論旨は、古代、中世、近代という三区分法は、歴史的事実としておかしい。ギリシア、ローマの社会を奴隷制と規定しているが、そのギリシア、ローマとゲルマン中世としてのヨーロッパはまったく別の世界のことである。もし発展段階というなら古代としてはゲルマン古代を考えなければならないという批判である。

いかにも人類学者・民族学者らしい指摘であるが、ただ、古代、中世、近代という三区分法は、唯物史観の発明ではなく、古来、西洋史学の教科書は、皆この三区分法で書かれてきたし、今日でも続いている観念である。そもそも時代区分とは何なのか。

そんなことを考えているときに、筑摩書房から少壮哲学者大島康正氏の『時代区分の成立根拠』（昭和二十四／一九四九年）という面白い書物が刊行された。

いまでも私はこの本を名著と考えているが、世間でもこの書を惜しむ人はあるらしく、のち理想社から復刻されている。

大島さんは東京へ出てきてからは、あまり哲学上の仕事をされず、そのことを厳しく責める先輩もあったようだが、田辺元《はじめ》（一八八五〜一九六二。哲学者。京大教授）最後の弟子といわれただけあって、田辺さんが現役だった戦時下の京都哲学科の雰囲気がまことに緊張に満ち、思索と対話のレベルが如何に高かったかを証明するような書物である。

この書物の論旨は、時代区分とは、人間の主観的、主体的行為を抜きにしては考えられないとして時代区分の超歴史的根拠として、古代世界の時代区分論を取り上げ、ギリシャのヘシオドス、イスラエル民族、四大帝国史観、キリスト教などの時代区分を吟味したうえで、近代の時代三分法の成立した背景を分析してルネサンスの積極的・主体的役割を説く。古典古代の世界は、ルネサンス人が自らの新しい規範として、これまでの中世の教会支配を否定すべく、自ら招来すべき思想として古典古代の世界を発見していったものであるとしている。そして、時代区分と歴史学との関係としてランケの独自の考え方を吟味し、さらに近代に入っての時代上昇思想として、進歩の理念、フィヒテの世界計画、シェリングの歴史観と時代区分を論じている。

最後の章が、時代区分の主体的根拠を主題に、歴史的理念の重要性、主体的時間を問題としているが、結論として新しい時代を将来するためには、われわれ日本がルネサンス人のように、主体を更新し、これまでとは違う生き方をしなければならないと結んでいるのである。

歴史学と哲学双方にまたがり、マルクスをまったく問題とせず、これだけ豊かな思想の世界があることを、私は感動をもって読了したのであった。

文章も流麗平明で、私には高度の内容を持ちながら、解りやすかった。とくに〝主体更新の行〟という観念は、長く呪文のように私を捉えて離さなかったのである。

＊　＊

しかし、昭和九（一九三四）年に死んだ湖南は、こうした時代区分論を知らない。明治末年から大正初めにかけて、支那の古代史、中世史を湖南なりに開拓していった過程で、支那社会の特質とその変化、文化の成熟と解体の過程を眺めているうちに、宋以降を近世とする独自の時代区分を思いついたのであろう。

それは湖南独自の勘であり、歴史学の根本のひとつは時代区分にあることを直観的に摑んだのであろう。そして近世以降、清朝史を得意とする湖南として、支那全史を通観することができたにちがいない。時代区分は、歴史の流れを理解する捷径である。

湖南の通史は書かれなかったが、それは講義分担の都合で実現できなかったわけで、湖南の頭の中には、全体像がくっきりと見えていたに違いない。

同僚の巨匠たち

ここで、『支那近世史』の分析に入ってもよいのだが、もう一度廻り道をしてみよう。湖南という巨峰に登るためには、いくつもある登山口をさまざまな角度から検討しておく必要がある。そうしないと、独り合点から途中で山道に迷う危険がありそうである。

＊　＊

京都大学史学科の東洋史関係には、創設以来、人材が続々集まっていった。

その理由は、第一に、文科大学の学長狩野亨吉が、幸田露伴や内藤湖南といった、学歴はないが、断然、実力があると判断した人物を招いたことだ。異質な文化が混じることで活気を呈するようになった。狩野亨吉と内藤湖南は父親が戊辰戦争で秋田藩と南部藩に分かれ、敵味方として相対した仲であるが、それだけに湖南の新聞人としての活躍に興味を抱いていたのだろう。

露伴の場合は、大学という社会が窮屈で、京都の水になじめなかったのであろう。一年で早々に東京に引き揚げてしまったが、湖南は忍耐強いのか、社交的なのか、大学人としての拘束に耐えて、大学人という生涯を歩むことになった。

その場合、一緒に創設に当った君山・狩野直喜の人柄が重要な意味をもった。狩野は湖南を暖かく、対等に敬愛の念をこめて、共に創設期の作業を行なった。湖南もそれに応える実力を持っていたが、狩野直喜は聡明で、語学の天才で、学者らしい学者であった。その狩野の人徳が全体をスムースに進行させた源泉だったように思う。狩野直喜の場合も、多くの論文を発表しながら生前に著書はなく、死後、次々と書籍化されていったが、湖南の場合のように読み易い全集はない。

狩野直喜のような学者らしい学者、大学人らしい大学人にとっては、講義と研究が第一の責任と考えられ、書籍化ということはそれほど念頭になく、第一義的なこととは考えていなかったのかもしれない。国立大学の教授という地位はそれほど安定していたともいえる。

今、私の手許に狩野直喜著の『御進講録』（みすず書房、一九八四年）がある。いかにも狩野君山らしい書物である。宮崎市定が解説を書き、孫に当たる狩野直禎氏が跋を書いている。それによると、君山は大正末から昭和の初めにかけて、前後四回、昭和天皇の御前で、御進講申し上げる栄を賜った、という。

宮中における講学の制は、日本及び中国で古い沿革をもっているという。

『御進講録』の内容は、四部。すなわち、

　尚書堯典覚節講義
　古昔支那に於ける儒学の政治に関する理想
　我国に於ける儒学の発達
　儒学の政治原理

の四部である。

第一部は大正十三（一九二四）年一月十六日の御講義始において進講されたものであり、同日の進講者は国書は上田万年（一八六七～一九三七。言語学者・国語学者。東大教授）、洋書は小野塚喜平次博士（一八七〇～一九四四。政治学者。東大教授から総長）であった。維新政府は明治二（一八六九）年、学者を召して両陛下に進講せしめてから、以後慣例となって、毎年一月専門の学者による国書、漢書、洋書の講義が行われ、後には皇族、政府高官も陪席したという。

狩野直禎氏は、祖父直喜が、昭和初期の我が国の政治情勢を思い合わせたとき、力の政治を否定し、徳の政治を強調する儒学の思想原理をご進講したことに「祖父の進講の内容の深さとその勇気に襟を正さずにはいられない」と述べておられる。

湖南も昭和六（一九三一）年、死の直前に御講書始に招かれてご進講しているが、やはり狩野直喜が当時の第一人者であったことがわかる。

それに比べると湖南は著作家であり、文士であったといえるかもしれない。

＊　＊

また、今、私の手許に二冊の東洋文庫がある。折りにふれて買い込んでいた東洋文庫のなかからこの二冊を選んで書庫から持ち出してきたものである。
桑原隲蔵《じつぞう》『東洋文明史論』解説・宮崎市定
宮崎市定『東洋における素朴主義の民族と文明主義の社会』解題・礪波護
優れた湖南の同僚たちであり、それぞれに湖南と重要な関係があるので、この際、この二人について簡単に触れておくことにしたい。

桑原隲蔵（一八七〇～一九三一。東洋史学者。京大教授）は、仏文学者桑原武夫（一九〇四～八八。仏文学者・評論家。京大人文科学研究所教授）の父である。明治三（一八七〇）年、福井県生まれ。京都府立中学から三高を経て、東大文科大学漢学科卒。大学院で東洋史を専攻。二十九歳のとき、『中等東洋史』上・下を刊行。今日まで名著の名が高い。三高教授、東京高等師範学校教授、清国留学、京都大学文科大学教授。支那とイスラム世界との交流を重視し、支那史・支那学という観念とは異なる東洋史の世界を確立し、基礎史科の整備をすると共に、独創的なテーマで論文を次々に発表する。昭和六（一九三一）年、六十二歳で死去。

『東洋文明史論』は、イスラム商人の見た支那の物語や、産業革命以前、世界の産業先進国であった支那の製紙や印刷の歴史を述べた論文を含み、「歴史上より観たる南北支那」という主論文は、南支と北支には地理的歴史的に対立する要因があることを指摘して、今日でも生きる主題について論じている。

桑原隲蔵は、その履歴を見ても、京都、高師、帝大と広い人脈を持つことから、学生たち門下生の就職もよく世話をして、隠然たる力を持っていたという。学歴のない湖南とは対照的な存在であった。

宮崎市定は長命のためもあって、晩年は朝日新聞社から全二五巻の全集も出され、京大の東洋史学の最盛期の教授たち全部に接触していて、東洋史学全体のよき解説者であり、伝統の継承者であった。ただ、戦後の進歩的風潮のなかでは歯に衣着せぬ進歩派批判もあり、仕事も地味であったから、貝塚茂樹（一九〇四〜八七。中国史学者。京大人文科学研究所教授）や吉川幸次郎のようなきらびやかな存在ではなく、村夫子然とした印象だったことは記憶されるべきだろう。

『東洋における素朴主義の民族と文明主義の社会』という長たらしい題名の書は、宮崎市定にとって最初の書物であり、古来、中国周辺の遊牧民族と中国の漢民族の文明社会との交流・衝突・相互影響をテーマとした書物であるが、このアイデアは、内藤湖南、桑原隲蔵、羽田亨といった先学たちの研究を発展させた中国史全体の急所といってもよいだろう。

＊　＊

明治三十四（一九〇一）年、長野県松本生まれの宮崎市定は、湖南たちとは三十歳以上の歳の開きがあり、東洋史学の第二世代と見てよいであろう。宮崎市定を考えることで、われわれは今日までの日本の東洋史学を省みることができる。

＊　＊

最後に、小島祐馬に触れておこう。この人については『中央公論』で萩原延壽氏（一九二六〜二〇〇一。昭和後期から平成の歴史家）への追悼記事を書いたときに、書いたことがあるが、私にとって忘れ難い印象があり、また湖南との関係で逸することのできない存在なので、その横顔をスケッチしておきたい。

私の手許には筑摩叢書版の『中国の革命思想――附・中国共産党』（昭和四十二／一九六七年）がある。この書物はもとアテネ新書の一冊として昭和二十四（一九四九）年に刊行されたもので、附録とされた「中国共産党」は、同書に引き続き、アテネ文庫として刊行されたものである。

私は刊行された直後、本書を手にして眼を開かれる想いをし、竹内好《よしみ》の毛沢東論（『中央公論』に百枚の評伝として書かれた）に、特にその根拠地の理論に惹かれながらも、毛沢東革命、新中国に批判的な老碩学が厳として存在していることを知った。それ以降、新聞や雑誌にどんな礼讃記事が載っても簡単に信ずることはしなくなり、一九六六年に始まる文化大革命のときも『中央公論』の編集者として批判的懐疑的論陣を張ったのは、この書物の教訓が下地としてあったためだと思う。歴史とは同時代に判断することは至難の技である。

後年、鈴木成高氏から伺った話だが、この岳父の書物は、小島先生が口述して鈴木成高氏が筆記したものだという。口述であっても一言一句を揺るがせにしない明晰な文章で、孟子に始まる中国社会の革命の観念を念頭に、しかし簡潔に叙した名著である。

小島祐馬は明治十一（一八七八）年生まれ。湖南の講義も聴いた学生であったが、のち京大の東洋史学科の古代思想を受け持ち、湖南たちと同僚になった。湖南とは十三歳の開きがあるが、今日となっては同世代の人と考えてよいだろう。

小島祐馬の特色は、思想は常に社会思想でなければならないとしたことにある。思想と社会との関係を重視する性格を持っていた。だから、経済学部の河上肇（一八七九～一九四六。明治から昭和期の経済学者）の講義も聴き、マルクス主義も自ら徹底的に研究していた。河上肇との交友・交流も生涯つづき、河上肇の下獄中も変らなかった。だから河上肇も小島祐馬を絶対信頼できる友人として遇し、生涯変らなかった。

その小島祐馬が毛沢東中国の前途を未知数として、新中国誕生に湧く日本のジャーナリズム、知識人に強く警告したのであった。凄味のある話である。

湖南在世中は、よく政治・経済・歴史にわたって雑談をしていたというから、ウマがあったのだろう。もし、湖南が生きていて、毛沢東中国の誕生を見たとしたら、同僚であり後輩でもある小島祐馬の『中国の革命思想』を高く評価したにちがいない。

小島祐馬は、戦中は文学部長として、文部省や軍部に対して節を曲げず、戦後は、京大総長や三高校長に担ぎ出そうとする動きがあったのにも眼もくれず、停年になると「年老いた父がいるから郷里に帰って百姓をする」と、さっさと郷里の高知市郊外に帰り、死ぬまで百姓仕事を本当にしていたのだから凄い。

小島祐馬の家は土佐の豪農であった。その点、儒者の家で故郷に仕事のなかった湖南とは違う。

＊　＊

とにかく、人材雲の如く集まった京大史学科は、哲学科と並んで、国際的水準を形成していた。湖南はこうした人々の中にあって、気持ちのよい交友・交流を続け、よい門下生をもち、地味ではあるが、永続的な影響力をもったのであった。

東北再訪

この六月（二〇〇三年）初め、『別冊東北学』編集部のご厚意により、東北を再訪した。秋田市、山形市、鹿角市を車でドライブし、秋田市では、千葉三郎氏に面会して、その著書『内藤湖南とその時代』（国書刊行会、一九八六年）の執筆事情を伺った。

――私の場合は知っているのは京大教授になるまでの湖南です、と謙虚に語られた。鹿角市の内藤湖南先生顕彰会の機関誌『湖南』に、「湖南の友人たち」を執筆中とのことであった。元秋田魁新報の文化部長をしておられたが、今日は秋田の文学同人誌「北門文学会」代表の名刺を頂いた。

私は地方に出張すると地方紙の文化部の方々にお目にかかることが多い。そこには郷土史にくわしく、文筆がたち、歴史を楽しく語れる隠れた人材が多いことを経験している。今日の場合も例外ではなかった。

次の日、秋田から山形に南下して、『東北学』の本部である東北文化研究センターのある東北芸術工科大学の構内、特に山形市を一望できる能舞台と図書館を拝見し、同センター長の赤坂憲雄氏、また同大常務理事の坂元徹氏、同センター「東北文化友の会」会長も務める株式会社千歳建設代表取締役社長の千歳栄氏にお目にかかることができた。千歳氏は、数寄屋造りや能舞台などの日本の伝統的建築を本格的に研究し、ご自分の仕事として活かしておられる知識人であった。帰り際に詩集『まんだら』（黙出版、二〇〇三年）とエッセイ集『山の形をした魂――山形宗教学ことはじめ』（青土社、一九九七年）を頂いた。どちらも宗教学者中沢新一氏（『チベットのモーツァルト』（せりか書房、一九八四年、講談社学術文庫、二〇〇三年）で有名。最近は哲学者田辺元の再評価を試みている）が帯を書いている。親交があるのだろう。日本の底力はこういう人が地方に存在していることにある。

最後の三日目、湖南の故郷の鹿角市に行き、改めて鹿角市先人顕彰館の山田幹也館長と、内藤湖南先生顕彰会の柳沢隆史事務局担当幹事にお目にかかった。小ぶりながら立派な顕彰館で、主として鹿角市の産業を起した和井内貞行と、日清戦争で諜報活動に従い、清国側に捕まって銃殺された石川伍一、そして内藤湖南の遺品が陳列されていた。講演会、研究会、機関誌の発刊と、行事は山ほどあるが、この不況で自治体の文化施設はどこでも経営難、なんとか持ちこたえてほしいものである。

鹿角市先人顕彰館を出て、坂を登り、湖南の郷宅に伺う。今ここを守るのは、湖南の父・十湾の後妻の末裔で、もう湖南のご遺族とは縁も薄くなっているらしい。

——私は婿なんですが、と福祉施設に勤める内藤新次氏が控え目に内に案内してくれた。住居部分と切り離した、昔の十湾の書斎を残した建築であるが、ここも個人で保存することはいろいろ困難で、限度にきているらしい。

それでも古ぼけた写真、扁額や掛軸に書かれた「内藤虎」と署名のある書に見入っているうちに、著作以上に具体的な湖南の相貌が浮かんでくるのであった。

5　文化史的方法に就いて
――日本文化の成立過程――

『支那近世史』――通史の独創性（続）

前章の「通史の独創性」のなかに、この『支那近世史』も含めるべきであったが、頁数が足りなくなり、本章で述べることにする。

『支那近世史』は、湖南の時代区分論である「宋代からを近世として考えるべきである」とするユニークな発想も含めて、湖南の著書のなかでも重視されるべき通史の圧巻であり、名著といってよいであろう。

全体は一六章に分かれ、第一章、第二章で、湖南の持説である〝貴族政治の廃頽と君主独裁政治の代典〟というテーゼを具体的に展開し、貴族政治が崩壊する原因と過程を詳細に記述する。

第三章〝五代の時局〟は、唐の滅亡ののち、宋の勃興するまでを、群雄割拠ならぬ群盗割拠の時代として捉え、盗賊上りの支配者が各地を支配した様をリアルに描いている。

ところが、支那の歴史は、漢民族だけの覇者の交替の歴史ではない。古くから、桑原隲蔵、羽田亨、宮崎市定といった人々がさまざまな視点から、周辺民族との交流、衝突、侵入の歴史に注目したように、そのことが中国史の特性であり、単なる中国史ではなく、東洋史という観念が成立してゆく所以でもある。

湖南も当然のことながら、周辺民族の実態、性格、興隆、そして支那との交流、衝突、侵入の史実を細部にわたってよく押えて記述を進めてゆく。

契丹族、女真族、蒙古族の三つの民族と国家が周辺で勃興し、支那本土の政治が衰えると、侵入し、また、彼らの活動が、支那本土の王朝の衰亡を促進する。

本書『支那近世史』は、この微妙な相関関係を巧みに描き、ドラマとして読者に提供している。

契丹は東蒙古の中部、興安嶺の東面に発祥した。また金は女真人で満州土着の種族である。そして最後に宋王朝を完全に征服する蒙古族は、今の黒龍江に発祥している。

こうした種族は支那本土が騒乱状態になると、それに乗じておおきくなるという傾向があった。宋の歴史は、こうした種族との共存と支那化（文明化）と侵略の歴史である。それは、ながいながい時間の経過のなかで起っており、その間に、宋朝自身、英明な君主や宰相も輩出し、また暗君や巧智にたけた悪人も輩出しているが、湖南の筆は具体的で細部を押え、ひとつひとつの事実を確定し、ひとりひとりの人物を明確に評価する。その該博な知識は、ただただ驚嘆の他はない。

もっとも面白い存在は、これまでとは違った新法を考案した王安石（一〇二一〜八六。宋代の政治家・文人）であろうが、北宋と南宋に分かれたのち、南宋が滅びるに当って、忠節をつくした文天祥（一二三六〜八二。南宋末期の丞相）、張世傑（?〜一二七九。南宋最後の忠臣）といった人々が、いつまでも惜しまれて有名になるのも人の情というものだろう。

湖南の筆は、一面では俗な人物や事実によく通暁していることで、天才と悪人と俗人のすべてを押えているところに、苦労人としての面目があり、識見があったとみるべきであろう。

文化史の重視

湖南の支那通史の諸篇を読んでいると、彼が、王朝交替の歴史を財政史、軍事史を中心として、思想史や文化史的側面を簡単に叙していることがよく解る。湖南の通史は政治史を中心とした正統的、伝統的歴史である。

しかし、湖南の著作は文化史的叙述のものが多い。生前にまとめた『日本文化史研究』（弘文堂、大正十三／一九二四年）は、素人と謙遜しながら、今日から見ても、斬新な視点と問題提起の書として貴重なものである。死後、長男の内藤乾吉氏が苦労してまとめた『東洋文化史研究』（弘文堂、昭和十一／一九三六年）や『支那絵画史』（弘文堂、昭和十三／一九三八年）も文化史であり美術史である。とくに『支那絵画史』は、昨年（二〇〇二年）、全集の版元である筑摩書房から学芸文庫として出版されている。もともと定評のあった書物であるが、今日でも需要があり、読者もいるのだろう。

なぜ、湖南にとっても、文化史として歴史を捉えることが重視されたのか。

二十世紀初頭、哲学の世界でも、新カント派の全盛時代、自然科学に対して文化科学の方法や自覚が問題となったように、史学の世界でも、J・ブルクハルトの文化史が圧倒的評価を得た。文化史的方法は、西洋史、東洋史、日本史の別を問わず、新しい流れだったのである。湖南の初期の講義を聴いた西田直二郎が後年『日本文化史序説』(改造社、昭和七／一九三二年)というながく定評のある通史を書いたとき、その前段で、文化史と歴史学の関連を考察し、文化史を歴史学の最終段階と考えていたこと、文化史は歴史と歴史哲学の総合であり、自我の発展と関連のあること、文化史とはある対象を扱うのではなく、生き生きとした現代との関連における過去であり、人間生活の全体を指していること、など、文化史の観念について面白い記述がある。

＊　＊

湖南と同時代、日本文化について対照的な考えをもつ津田左右吉は『文学に現われたる国民思想の研究』というあまりにも有名な著作によって思想史の重要性と面白さを教えてくれた。その津田左右吉の日本神話の否定的研究に反論する形で、『日本古代文化』を上梓した和辻哲郎は、それ以後、日本文化史の研究を哲学研究と併行して行っていたが、その成果を『日本精神史研究』(岩波書店、大正十五／一九二六年)と『続日本精神史研究』(岩波書店、昭和十／一九三五年)

の二冊にまとめている。

思想史や精神史は、文化史よりも鋭角的な問題意識であるが、文化史のひとつの形態であり、文化史はより全体的、包括的な視点といってよいであろう。とにかく、明治の文明論的視野は、大正期以降、文化史として引き継がれていったといってよいであろう。

それは大正末から昭和初期にかけてのマルクス主義の急激な勃興によって否定され、一九三〇年代の国家主義的ファナティシズムによって攻撃され、さらに戦後マルクス主義によってもう一度否定されるが、二十世紀のふたつのファナティシズムの嵐が去ったいま、改めて再構築、再評価されるべきである。

津田左右吉と内藤湖南——増淵龍夫氏の問題提起

増淵龍夫氏（一九一六〜八三。歴史学者。一橋大学教授）の『歴史家の同時代史的考察について』（岩波書店、昭和五十八／一九八三年）という貴重な書物がある。公刊された当時、私も著者についての何の知識もないまま、テーマにひかれて購入し、手許に置いておいた書物である。

この書物は二部にわかれているが、その第一部は、津田左右吉と内藤湖南の比較論である。

巷間、この二人の大家の根本的対立は、日本文化の成立と性格について、まったく正反対の立場をとることから、よく語り伝えられている事柄であるが、この増淵龍夫氏ほど、緻密に正確に問題の性質を理解した学者は稀であろう。行間から二人の大家への敬意と愛情が溢れながら、同時に二人に共通する時代的制約をきびしく指摘して、新しい学問の、歴史学の課題を考えている。

簡単にいえば、内藤湖南は、日本文化は支那文化という母胎から生れたものであり、日本文化の成立に関連して、支那文化が豆腐のニガリのような役割を果したと考える。これに対して、津田左右吉は日本文化は、本来支那文化とは別個のものであり、一部知識人の間に儒教の影響があったとして、日本人の生活とはまったく関係のない別物であるという。

津田左右吉の徹底した態度は、江戸時代の本居宣長（一七三〇〜一八〇一。江戸中・後期の国学者）を思わせるはげしいものである。二人の業績が大きいだけに、後進たちは、大いに迷うテーマである。

増淵龍夫氏は、二人は対立しながらも、共通の時代的体験から共通の制約を持っていることを指摘する――。

津田左右吉の場合、西洋文化の普遍性、世界に対する信頼が強く前面に出ている。現代世界は共通の思想・文化によって支配されるところの統一的世界でなければならないとする見解とは、明らかに「大正デモクラシー」の思潮の反映と見ることができる。

儒教や中国思想の特殊性・形式性を拒否し、中国社会の停滞性を説く津田左右吉は、それとは異なる人間の自然を尊重する日本文化の存在を指摘する。

「西洋文化＝世界文化をわがものにした」その故をもって、「西洋文化＝世界文化からとりのこされた」中国を蔑視する国民的自負とむすびついている（一八頁）。

津田のこの中国蔑視の視角は、日清戦争以降の日本の一般的な国際感覚と対称する関係にある――（四〇頁）。

これに対して内藤湖南の場合は、「中国文化は、日本が育ってきた母胎のようなものであり、誇り東洋史といふものを日本史以外のものだと思って居るのは全くの間違だ」と彼は考えているのである（五〇頁）。

湖南の歴史研究をささえている基本的観点は、個別としての国民史的観点というようなものではなく、個々の民族を越えた「文化」史的観点ともいうべきものであった（五一頁）。

とくに湖南の場合には「文化中心の移動」という考え方が中心にあって、文化の中心は国民の区域を越えて移動するもので、今日、日本が東洋文化の中心になることの何の不思議もない。

東洋文化の進歩発展からいうと、国民の区別というようなことは小さな問題である。湖南にとっては、ギリシア、ローマも民族が滅びて文化が残ったのだと考えている。中国文化も漢民族、朝鮮民族、安南民族、日本民族と、担い手が変ることをあまり重視していないのである。

こうした独特の観点をもちながら、現実には、欧州列強のアジア侵略に抵抗するために、日本の大陸進出とアジア経営を主張することになる。それは彼が身を寄せた三宅雪嶺と同質な、明治の文化ナショナリズムであり、日本の天職を東西文化の咀嚼融合と東方学術の新生面の創造にありと考えているのである。

このように津田左右吉と内藤湖南は中国文化への考え方は対照的でありながら、大陸への日本の進出を肯定してしまう点で、やはり共通の時代の拘束を受けている、と増淵は考え、そこに問題があると考えているのである。

自らをマルキストとして規定する増淵は、五・四運動以降の中国ナショナリズムと中国共産党の行動に全幅の信頼をおいているかに見える。

今日の中国は完全に独立した国家の地位を確立し、毛沢東時代、ソ連のロシアと覇を競い、国際的論争を繰り拡げたことは周知のことである。その矜持は称賛に価いするだろう。しかし、反面、毛沢東の文化大革命は革命中国そのものの破壊という側面をもち、毛沢東は共産中国の治者なのか、永久革命の革命（思想）家だったのかという疑念を抱かせた。

後継者の鄧小平は社会主義的市場経済というあいまいで現実的観念を打ち出し、経済の自由化を認め、それに対応したが、同時に方向指示能力を失った。共産中国は、ソ連邦なき世界でどのような方向を目指すのか。

また、今日でも中国は人治国家で法治国家ではないと指摘する人もあり、近代国家の実質を備えているのかどうか、その意味からいえば、日本が大陸進出を目指したころの支那は、国民党政府は存在したものの、全国統一を成し遂げておらず、馬賊・匪賊が割拠しており、治安は悪く、欧米列強は日本が進出しなければ、大陸と朝鮮半島に進出したことはまちがいない。それだからといって日本の責任は回避できないが、完全な独立国家として自衛能力をもたなかった中国、朝鮮は自国をどう考えていたのだろう。

これは、中国・韓国と日本が共同して反省し、歴史を学ぶべき基本テーマであろう。

今後の中国が周辺諸国に安心感を与えるためには、共産党独裁を止め、多元的社会、複数政党制を認めること、そして周辺・内部の諸民族の自治を認め、中国を合衆国（United States）にすることであろう。

文化とは何ぞや

湖南は『日本文化史研究』（弘文堂、大正十三年／一九二四年）の冒頭で、〝日本文化とは何ぞや〟という問いを発し、ここで日本文化の成立過程を支那文化と関係づけて考察しているのであるが、その最初の文章は次のように始まっている。

――文化と云ふ語は、近頃流行し、何ものにでも此の二字が附せられると景気好く見えるかのようであるが、しかし、一般世人が文化其の物をどれだけ理解して居るか。文化は国民全体の知識、道徳、趣味等を基礎として築き上げられてゐるのであるが、其の基礎たる知識、道徳、趣味が現代の日本に於て、どれだけの程度に於て在るか。政治、経済等、人生の需要から生ずる者とせらるゝ事相は、すべて民衆的なるを要求せられ、民衆的な方法に適合せないものは時代錯誤として斥けらるゝが、文化の基礎たる知識、道徳、趣味等は、果して民衆的なるを要求すべき者であるか。民衆的ならざる者は果して皆時代錯誤とすべき者であるか。

と面白い問題提起をしている。

この文章は、大正十（一九二二）年に書かれているのであるが、そのころの時代相に就いてここで考えておきたい。その時代相との関連で、湖南の意識を考えておくことは無駄ではあるまい。

＊　＊

そのころのゴシップ――というより笑い話になるが、新しい住宅に文化住宅という名称をつけて話題を呼んだが、果ては、鍋にまで文化鍋と称するものが登場したという。

風俗や流行は、ひとつのアイデアの生活化、大衆化であるが、日露戦争以後、文明から文化に思想の世界で問題が移ったことがきっかけで、文化の時代、そして教養の時代が始まる。その最終の到達点として文化観念の風俗化があったのであろう。

日本人にとって第一次世界大戦は、深刻な体験とならなかった。戦後の朝鮮戦争が同様で、特需といわれる経済問題、景気浮揚のきっかけに過ぎなかったように、日本本土は戦場とならず、対独戦争は日本にとって南洋群島と青島の占領でしかなかった。

したがって、日露戦争（明治三十七／一九〇四―明治三十八／一九〇五年）以後、関東大震災（大正十二／一九二三年）までの二〇年間は、平和な時代、文化と教養の時代であった。そしてそれは、個人主義と自由主義が開花した時代でもあったのだが、その意味と重要性は十分な社会的自覚となることなく、ロシア革命の影響から社会主義、共産主義が青年たちを魅了する時代に突入する。

大震災以降、敗戦までの二十余年は、左や右に揺れながらバランスを欠いたまま、戦争の拡大で破滅に突入してしまう、不安の時代といえるだろう。神経過敏な大正期の代表的作家・芥川龍之介の「漠然たる不安」という言葉はもっともこの時代の気分を表現している。昭和に入っての哲学での三木清、文学での横光利一、批評での小林秀雄、はこの不安の時代の気分をそれぞれに象徴している存在といえるだろう。

大正時代の文化と教養の時代は、白樺派の志賀直哉、『新思潮』の芥川龍之介や谷崎潤一郎、また萩原朔太郎（一八八六〜一九四二。詩人）や木下杢太郎（一八八五〜一九四五。詩人・劇作家・評論家・医者）の時代であったが、阿部次郎（一八八三〜一九五九。哲学者。代表作に『三太郎の日記』）とか和辻哲郎といった著作家も、同時代の空気を吸っていたのであり、慶応二（一八六六）年生まれの年長世代の内藤湖南、明治三（一八七〇）年生まれの西田幾多郎も、この文化と教養の時代に対応して、文化史的発想や自由の貴重さを十分呼吸し、体得していたのである。

内藤湖南の文化史的方法には、同時代のこうした発想と気分と雰囲気を、湖南なりに吸収した、湖南の新しさがあったと見るべきだろう。

『日本文化史研究』

こうした気分の下で、大正十三(一九二四)年に公刊された『日本文化史研究』は、素人を自称しながら、日本史の根本性格について、今日、われわれが読んでもハッとさせられる洞察を数多く含んでおり、その後に新しい研究が積み重ねられているとしても、独自の光りを放っている気がする。

本書の構成を見ると、

日本文化とは何ぞや(一)(二)
日本上古の状態
近畿地方に於ける神社
聖徳太子
弘法大師の文芸
平安朝時代の漢文学

日本の肖像画と鎌倉時代
日本文化の独立
応仁の乱に就て
大阪の町人と学問
維新史の資料に就て

この目次は増補以前の原型であるが、日本歴史、とくに文化史上の問題の勘所を心憎いばかりに押えていて、誰しもが自分で日本史の問題を考え出すと、おそらく考えなければならないテーマは全部押さえているといえる気がする。

最初の「日本文化とは何ぞや」はすでに述べた支那文化ニガリ論、母胎論を述べたものだが、それに続く「日本上古の状態」は、やはりそれにつづき、支那と周辺諸国が、関連して覚醒し、文化を形成してゆくことを、巧みな表現で述べ、半島諸国と同様、島国の日本文化も、支那文化と連動していること、支那の内部が争乱状態になると周辺民族がそれに乗じて活発となり、独自の民族文化を形成し、その諸民族が支那に侵入することで、支那王朝をおびやかし、支那王朝を変えてゆくこと、支那王朝も内部が固まると周囲の民族を制圧して強大になること、わが島国の西半部を占めていた倭国も同様で、九州から南朝鮮、そして近畿辺りまで勢威を張っていた倭国が、氏族連合から国家の形成まで、支那本土の王朝と連動しながら、徐々に組織を固めていったことを巧みに描写している。

湖南が強調しているのは、国学者や国史学者の狭い視野への批判であり、とくに、

——支那の戦国の末年は、東洋全体の民族にとりて重要な時期であり、従って支那史が東洋史となるべき基礎を形成した時代であると云ふことが出来る。（『全集』第九巻、一二四頁）

と述べていることである。

古鏡、銅鐸銅剣など、考古学的発見を利用しながら、支那と半島、倭国との交通、交渉をリアルに描いているのは圧巻である。

湖南の眼は、つねに原始の形態、生成の過程に据えられており、東アジアから安南までが視野に入っていたことを銘記すべきだろう。

次の〝近畿地方に於ける神社〟という文章も傑作の文章である。東北生れの湖南にとっては京都という古都が新鮮な驚きとして映じたのであろう。そうなると京都という都市がどのように形成されたのかという点に意識を集中させ、とうとう、京都地方の神社の最古の発祥にまで眼が届く。

洛北の加茂神社、出雲との関連を想わせる平野神社、小野妹子の孫に当る小野毛人の小野神社、叡山の日枝神社、平家の厳島神社、源氏の八幡宮、江戸時代の伴信友（一七七三〜一八四六。江戸後期の国学者）の研究を評価しながら、平野神社の成立過程を推理し、兵主神社という素盞嗚と関連する武の神を祭った、別名、射楯神社。

そして最後に「天照」という二字を冠した神社が、近畿地方に七つ以上存在することを指摘し、古代において記録のない時代については、氏族の統合過程と大和政権の成立までを、神社及び神社の統合過程から類推することができることを指摘しているのは、読む者をしてその烱眼に驚嘆させる洞察力である。

おそらく、湖南は単に文献の渉猟だけでなく、実際に、京都とその周辺を歩きまわり、その度に面白い発見を重ねていったのであろう。この文章には、湖南の日常、あるいは散歩姿を想像させるような楽しさがある。

＊　＊

聖徳太子に就いては、多くの人々も認めるところだが、内外の文化を練り合せて今日の日本文化の基礎を作り、その当時の日本文明を建設したという点で聖徳太子以上の人はない、と断言する。とくに仏教家の間だけでなく、大工左官などの職人の祭る神としてもあがめられていることに聖徳太子の仕事の性格が現れていることを指摘しているのは鋭い。

太子の業績として、湖南が第一に評価するのは、やはりその外交方針である。有名な〝日出るところの天子、日没するところの天子に書を至す〟との隋の皇帝への書簡の意味を理解するためには、聖徳太子以前の外交の歴史を説く必要があるとして、漢の武帝以来の交流の歴史を略述し、要するに、太子以前には、外交は朝鮮の帰化人、支那の帰化人に委されており、彼らは、日本の朝廷と支那の宮廷の間に入って、両者に都合のよい文書をつくって往来してきたことを語り、太子はこの通訳外交が、国家の体面を傷つけていることに気づいて、外交の権を通訳から朝廷に収められ、小野妹子のような皇別の名家を、使者として出したのである。

隋の方は、無礼だと怒ったが、不思議にも思って、外交は継続したという。日本側も国交を破らずに文化を取り入れ、上手に外交せられたようである。「此の一挙で日本の朝廷も自国の位置を自覚し、支那にも之を知らしめたのであるから、当時の世界に於いては国際上の一紀元と謂ってよかったのである」（『全集』第九巻、五六頁）。

また内政面では、それまで多くの氏族が私に部曲民を擁していたことを廃し、すべてを公民とすることを説かれたという。これは明治維新の藩籍奉還に当る、と湖南は面白い指摘をしている。

太子は早世されてその主張は実現できなかったが、三〇年後に天智天皇が大化の改新として実行したのであった。大化の改新の参謀となった人々は、みな小野妹子と共に太子が隋に遣わした留学生たちであったという。

太子の仏教採用について、古来、国学者たちのなかに非難する者があったようだが、湖南は、当時の日本にさまざまな迷信が支配していたという事実があり、仏教のような新しい宗教を採用する必要があったことを指摘していることも卓見というべきだろう。

太子はその著述の三経義疏を見ても、きわめて理論的に仏教を把握されていたことが解るという。

また、太子と蘇我氏との関係について、太子は蘇我氏の横暴を知りながら、彼我の力関係も考えて自重されたことを強調し、太子を弁護している。

「太子は作者として、人格者として、殆ど欠点のなかった人と謂ふことが出来る」と結んでいるが、湖南もまた太子を高く評価していたことが解る。

＊　＊

以下、「弘法大師の文芸」、「平安朝時代の漢文学」、「日本の肖像画と鎌倉時代」と、それぞれに面白く、重要な指摘を含んでいるが、ここでは「日本文化の独立」、「応仁の乱に就て」、「維新史の資料に就て」、の三篇に就いてコメントしておこう。

「日本文化の独立」の一篇は、後醍醐天皇の建武の中興や北畠親房の『神皇正統記』といった、史上有名な事柄の背景に、後醍醐天皇の父君であられる後宇多天皇や北朝の花園天皇など、いずれも英明で仏教に精通され、とくに後宇多天皇は、学問上の復古思想をもたれた方であられたこと、復古が革新につながることはどこでもいつでも同様なこと、そしてその影響から後醍醐天皇が、伝統的仏教ではなく、禅宗を好まれ、儒学でも宋学を学ばれたことなどが、革新的行動に出られる背景にあったこと、こうした革新的気運が、それまで支那の在り方を真似てきた守旧派から、日本文化の独立へと向う気運に変っていったことを指摘し、『神皇正統記』の〝大日本は神国なり〟との言葉も、挫折した政治改革、建武の中興も、その流れは共通して、独立への気運気分にあったことを指摘して、新しい解釈に思える。しかも、それは南北朝の対立を超えて、双方に共通しているといっているのも貴重な視点といえよう。

＊　＊

次の「応仁の乱に就て」は、有名な一篇であり、「応仁の乱以前は外国と同様で、今日の日本を知るためには応仁の乱以降を研究すれば十分である」といった発言は、今日でも話題とするに足る、面白い問題発言を含む一篇だが、湖南の考えは、応仁の乱によって、それまでの日本は完全に滅びたのであり、日本の大名もほとんど戦国以後に勃興した氏族であることを強調している。

またそのことを知るための史料として、湖南は、自分が若いころに読んだ書物として、一条禅閤兼良（一四〇二～八一。室町中期の公卿・学者。一条禅閤、三華老人などと号する）の『樵談治要』をあげていることなど、湖南の早熟な文才と読書量を語って凄味のある一篇である。一条兼良は没落してゆく貴族の側からの証言だが、逆の立場にある書物として『塵塚物語』をあげ、応仁の乱の主人公の一人である山名宗全の物語を紹介していることも、湖南の周到さを語っている。

＊
＊

最後に、「維新史の資料に就て」を取り上げておこう。これがまた面白い。実に大胆なことをいっている。私も多少維新史に就いては覗いたこともあるので、実感として面白い。

――いずれの世でも革命の際は必ず陰謀がこれに伴う。

冒頭の言葉である。そして、明、清の事例を引きながら、敗者の記録も集めなければいけないことを説き、「今日の維新史料編纂局といふものは、如何なる方針で如何なる材料を蒐集してゐるか知らぬが、最初藩閥思想の最も強かった井上〔馨〕侯が主催して居り、その委員と称する人物は多く維新以後の藩閥方であった人々であるところから見ると、果して勝利者に便宜な方法で作られて居ないといふことを断言し得るかどうかと思ふ」と凄味のあることをズバリといっている。大正十一（一九二二）年に発表したもので、当時としてきわめて勇気のある発言だったろう。

また敗者の側の証言として、山川浩（一八四五〜九八。会津藩家老職の子。東京高等師範学校長。貴族院議員）の『京都守護職始末』をあげているのは、至当の判断といってよく、私自身、感動しながら読了したことを思い出し、感無量である。

さらに、自分は単に想像ではなく「多少明白な証拠を握って居る」として、久邇宮朝彦——当時の中川宮は、孝明天皇の親任がきわめて厚かったが、孝明天皇の崩御の後、まもなく、陰謀によって謀叛の嫌疑で広島に流された。このとき使者に立ったのが、男爵・中島錫胤（一八二九〜一九〇五。貴族院議員。兵庫県知事、山梨県知事などを歴任）で、文書も手形も偽りであり、中島は一言もなく引き返したという。にも拘らず、広島に遷されたのである。

湖南は「久邇宮家の伝記を調査した故人の内藤耻叟《ちそう》翁其他から親しく聴いた所である」といい切っている。また、湖南は近衛公爵家にある孝明天皇の百四十余通の宸翰を拝見したことがあり、その手紙からも、長州派の過激公家七卿の行動など、会津側の証言とまったく一致するという。

この中川宮に着目した点がまた凄い。私もまた、諸書を漁っていて、岩倉具視（一八二五〜八三。幕末から明治前期の政治家）が、「中川宮が居られては都合が悪い」と岩倉が中川宮を幽閉したことを証言する文章を読んだことがある。そのとき、昔からある孝明天皇毒殺説を含めて、さまざまな陰謀が——竜馬暗殺薩長説など——ありえないことではないことを実感したのであった。

この一文は、東北人・湖南の公憤が感じられる、勇気ある文章であるといえよう。

他に、「大阪の町人と学問」が収められているが、これは別の場所で触れる機会もあるだろう。『日本文化史研究』について大雑把に概観した。増補や附録、補遺にも面白いものが多いが、省略する。湖南自身は日本史の専門ではないと断りつづけているが、このように瞥見しただけでも、専門日本史家に劣らない研究であるだけでなく、専門家でもなかなか確かめない書物や史料を確実に押え、史実そのものに迫って、今日でも新しい。湖南はつねに実証を伴いながら、歴史の急所、問題の中核をまちがえていないのである。

平野神社・大覚寺散策

湖南に刺激されて、湖南が眺めたであろう京都の街、京都の寺社を、湖南の眼を想像しながら眺めるようになった。

京都は寺社の町であり、寺社で埋めつくされたような都である。要するに古都京都は宗教都市なのである。京都御所と平安神宮を中心に右手の右京区にかけては、堀川通り沿いに、二条城と本願寺が威容を誇り、左の左京区にかけては、南禅寺、法然院、そして浄土宗の総本山、知恩院が東側を固めている。

平安の京都というが、実際に宗教都市の骨格を造ったのは鎌倉時代以降であり、それ以降、室町、戦国（安土、桃山）、徳川と、各時代の遺産が積み重なるように、街を形成している。明治時代以降の近代は、それに京都大学を原点とした学校施設、博物館、美術館などを附加したのだといえるかもしれない。

こうした京都の地図はそこに住む京都人には自明のことだが、忙しい旅行者だった私などは、少しずつ見えてきた構図である。

今回、湖南の『日本文化史研究』を通読して、湖南自身の日本文化、日本歴史、京都を中心とした地理、地誌についての、湖南の洞察力、着眼点、発想の原点を具体的に知って、ますます、ひとつひとつの風景に興味が深まってゆくことを実感する。

この十一月、京都で礪波護氏（大谷大学文学部教授・京都大学名誉教授）の教えを乞う機会があり、その機会を利用して、『日本文化史研究』に出てくる場所を散策してみる気分になった。

平野神社と大覚寺は、同じ方角だということで、散策気分で出かけることにした。

平野神社は、湖南の「近畿地方の神社に就て」のなかに出てくる神社で、上加茂神社、下賀茂神社などと共に、古い、格式のある神社とのことである。祭神はイマキ、クド、フルアキ、ヒメの四神で、百済渡来の神、桓武天皇の皇母、高野皇太后が、百済の聖明王を遠祖とするという。したがって桓武天皇の外戚神を祭ることになる。

湖南の指摘は、江戸後期の国学者伴信友の平野神社の研究がすぐれたものだったことを紹介し、明治以降の国学者はむしろ退化してしまったことを皮肉っているもので、湖南は伴信友の説に自分の考えを加えながら、平野神社の考察をしている。まったく、湖南の思索力の深さは底が知れない。

その日は雨もよいだったが、タクシーに平野神社と告げるとすぐそれだけで解ったようで、私など旅行者は初めてきく名前だったが地元では誰でも知っている名前のようだ。

通りに面して平野神社はあり、若い桜並木のある小ぶりな神社であった。狭い境内だが社殿は格式のある様式を備えていて、森閑とした境内に参詣客はなかったがすがすがしい雰囲気である。社務所にいた宮司さんは、「ここも古い神社で格式は高いのですが」と口ごもった。街中にありながら、経営はたいへんなのであろう。

ともかく、私は伴信友が研究し、湖南が考察した神社が、いまもそこにあることを知って満足だった。湖南が指摘したように、記録のない（したがって無文学社会の）古い氏族社会の状態を推測するには、神社の存在と分布を知ることから始まるという命題は正しく、私自身、日本各地を旅行しての実感もそのことを指していることに納得し、湖南先生が保証してくれているようで嬉しかった。

＊　＊

平野神社からまたタクシーで、大覚寺に向う。大覚寺は右京区にある古儀真言宗の大本山。もと皇室の離宮であったため、嵯峨御所ともいう。一度衰微したが、後宇多天皇が再興された。多くの寺宝があり、大沢池、名古曽滝など平安期の池泉庭園の姿を残し、皇室とも縁の深い門跡寺院であるという。

内藤湖南が、この大覚寺について触れているのは、「日本文化の独立」のなかである。それは、後醍醐天皇の建武の中興は挫折したが、その背景には新しい仏教である禅宗や新しい儒教である宋学の影響があり、後醍醐天皇自身、英邁で学殖のある革新思想の持ち主であられたが、それは後醍醐天皇の父君の後宇多天皇が仏教思想に造詣深く、復古思想の持ち主だったことを指摘している。

復古は革新につながることは明治維新でも同様だが、後宇多天皇から南北朝にかけての日本も、北朝の花園天皇も含めて、革新思想の理解者であり、その革新とは、支那からの日本文化の独立にあったことを、湖南は強調しているのである。

これは、南北朝時代の解釈として、断然、新しく傾聴に価いする独自の説であろう。われわれ戦時下の子供たちは、後醍醐天皇と楠木正成のドラマを聞かされつづけて育った世代である。南朝は悲劇の主でありながら、あくまで正統であることを、当時の教科書や物語は強調していたものである。

足利尊氏、徳川家康、井伊直弼の三人は悪者の典型だったが、大正時代、内藤湖南のような学者はそうした巷間の物語を超越していたことがわかる。と同時に、戦後の天皇制批判の学者たちとちがって、歴代天皇の人物、信仰、学問、性格を熟知した上で、敬愛の念を抱いていたことがよくわかる――。

大覚寺は、この後宇多天皇との関連で出てくる。南北朝は、大覚寺統と持明院統にわかれての争いだが、湖南は一方で後宇多天皇の復古思想が子供の後醍醐天皇の革新思想につながったことを指摘しながら、同時に北朝の花園天皇が後醍醐天皇の理解者であり、同情者であったことを指摘している点、心憎いばかりの配慮と公平な認識といえよう。

＊　＊

大覚寺は右京区の嵯峨野の奥である。ちょうど観光シーズンで、雨もよいのなかを、団体客が次から次へと押し寄せ、寺内の見学もせわしなかったが、それでも新しい社殿も建築中であり、寺宝の展覧会も開催中で活気があることがわかる。

私には、池泉庭園の大沢池の景観が楽しかった。大沢池を背景に見物客が次々と写真を撮っていたが、私は案内のパンフレットに、芭蕉の「名月や池をめぐりて夜もすがら」の句が引かれてあり、子供のころに記憶した句が、この大覚寺を舞台としたものであったかと苦笑した。芭蕉の句は観光案内としても最高のもので、芭蕉という達人はその辺も計算していたかもしれないと思うとおかしかった――。

大覚寺は門跡寺院といわれ、皇室との関係が深いが、寺をめぐると、秩父宮妃、高松宮妃、常陸宮といった名前の植樹や写経があり、皇室との御縁がいまも生きていることを実感する。日本社会は、千年の歴史を生きつづけているのだ。

＊　＊

この右京区には名刹が多い。大覚寺を始め、仁和寺、広隆寺、天龍寺等、仁和寺は大覚寺と並ぶ門跡寺院であり、広隆寺と共に真言宗の寺である。また天龍寺は足利尊氏が後醍醐天皇を弔って建立した臨済宗の寺である。

帰途は、バスで都心に帰ったが、観光コースをゆくような路線で、嵐山の渡月橋から天龍寺周辺は、若者向けの土産物屋が乱立し、まるで週刊誌村のようだ。また広隆寺に近い太秦《うずまさ》の映画村もテーマパークとして、一時はブームの焦点だったという。

街も寺社も繁栄のためには身過ぎ世過ぎの手段《てだて》はいろいろだろう。この世の人ではない歴史上の人々と寺社に想いをめぐらす私には縁の薄い話題だが、これが変らぬ浮世ということか――。

6　中公クラシックス版『東洋文化史』
——その視点の新しさ——

『東洋文化史』の新しさ

今年（二〇〇四年）四月に中公クラシックスから、礪波護教授の編集になる『東洋文化史』が刊行された。内藤湖南の世界をもっとも簡明に表現した精選されたアンソロジーである。なるほど、京大史学科の正当な後継者、宮崎市定の晩年の直弟子であり、湖南の孫弟子に当る礪波教授ならではの編集であり、この一冊を読めば、湖南の世界を十分、味わい、識ることのできる考え抜かれた選び方である。

かつて『日本の名著』の一冊として、小川環樹教授の編集・解説による『内藤湖南』が編まれた（中央公論社、昭和四十六／一九七一年）。小川版には湖南の直弟子の息吹きが感じられたが、それから三三年、今度の礪波版には、今日の学生・読書人が、おのずから親しめる配慮が感じられる。

とくに、表題を『東洋文化史』と銘打ったところに、内藤湖南の世界の全特色の急所を把握している感じが出ていてさすがである。ちょうど、私自身、前章の「文化史的方法に就いて」の次に、『東洋文化史研究』という山脈に登るつもりであったが、礪波版のように、すぐれたテキストができたのならそれを座右の参考書とし、必要に応じて、筑摩版の『全集』に戻って考えていこう。

中公クラシックス版の、目次構成は次のようなものである。

東洋文化史家の内藤湖南　礪波護
日本文化史研究
先哲の学問
東洋文化史研究
支那史学史

目睹書譚
京大文科の創設
追想雑録

全体として、解かりやすく、親しみが持てるよう、随筆類を重視している。『支那絵画史』のように、名作であっても専門的と考えたものは省いてあり、さらに『支那目録学』のように重要ではあっても高度に専門的なものも省いてある。これも見識であろう。

また、このなかに『日本文化史研究』や『先哲の学問』といった日本研究の作品を含めているのは、内藤湖南をはじめ、京都学派の東洋史の概念からいって当然のことであるが、日本と支那を別なものと考える津田左右吉流の把握とは別であるという主張もおのずから含まれているのであろう。また東洋文化史と命名することによって、文化史こそ究極の歴史把握の在り方であり、文化は民族を越えるという考え方も含まれているように思う。

ギリシアの場合も、民族は滅びても、ギリシア文化は他の民族によって再発見され、再把握され、後代の文化の中に生きつづけている。支那文化も、漢民族を越えて、周辺の諸民族が担う場合もあり、文化の中心は移動して、日本になる場合もありうる、という湖南独特の考えは、今日でも一考を要しよう。

礪波教授の『東洋文化史』と銘打った書物の目次と構成は以上のさまざまなニュアンスを含めた点で新しく意欲的である。

『東洋文化史研究』のエッセンス

筑摩版の『東洋文化史研究』には、一七の論攷が収められている。礪波教授はそのなかから四つの論攷を選んでいる。

『支那上古史』緒言
概括的唐宋時代観
近代支那の文化生活
民族の文化と文明とについて

この選び方も大胆である。省いた論文のなかには、「染織に関する文献」、「書論」、「紙の話」、「通貨としての銀」、「宋元権の話」といった、湖南の博識を物語る楽しい話題も多いのだが、湖南の考え方の根幹、性格を語る上では、上のような四篇が最適と考えたのであろう。とくに「『支那上古史』緒言」などは、緒言だけに、五頁ほどの短いものである。短文ながら、そこに湖南思想のエッセンスが含まれているという判断は、卓見というほかはない。
その「『支那上古史』緒言」から、順次、目次にしたがって、四篇の論文を検討してゆこう。そのことが、おのずから、内藤史学の根本と性格の吟味につながってゆくように思う。

＊　＊

『支那上古史』緒言

湖南の眼は、早くから文明の発生の仕方に注がれていたことは重要である。その場合、支那文明だけではなく、インド文明、そしてヨーロッパ文明の発生との対比が念頭にあった。湖南は人類と世界史そのものに興味があったのであり、それは京大史学の伝統でもあったといえる。

——亜細亜《アジヤ》大陸は葱嶺《パミール》・西蔵《チベット》等の高地を中心として四方に向かって土地が開けている。これは古来支那《シナ》人・印度《インド》人なども気付いていたことで、（後略）

冒頭の言葉であるが、ナントモ気宇壮大、支那文明、インド文明、双方への眼配りが感じられ、またその支那人・インド人の自覚について湖南がある感触を得ていたことがわかる。

——これらの地方は、おのおのその河の上流に向かって自己の種族の起源を求めたがる傾向があるが、しかしそれは多くは歴史的には根拠のない伝説であって、じつは文化の起源はそのおのおのの河の上流よりは来《きた》らず、その下流より上流に向かって開けゆくを常とする。

黄河やガンジス河の河口に文明が発生した、とは多くの史家が語っているが、湖南の口調も確信をもった響きがある。

ここで湖南は欧州と亜細亜の対比を語る。戦後になって梅棹忠夫が『文明の生態史観』（中央公論社、一九六七年）でヨーロッパと日本との等質性を指摘することになるが、類似した発想は、どうも京都史学の伝統のなかに存在したようである。

——欧州で最初に開けた地中海地方は、亜細亜では印度洋に向かった地方に当たり、欧州の大西洋に面せる地方は、亜細亜の太平洋に面せる地方すなわち支那に当たる。

——印度と支那との間には文化の交渉があり、印度の文化がある時代に支那に影響を及ぼしたことは明白な事実であるが、しかし印度と支那とはその発達の年代に大差なく、印度の文化が支那に流れてきたときは、支那人は自己の立派な文化をすでに有していたのである。

ここで、湖南は印度民族が経年の思想に乏しいため、歴史研究には特別な困難のあることを語り、

――ゆえに余のいわゆる東洋史は支那文化の発展史となるのである。

と宣言し、その上で

――しかし支那文化を中心としている国は単に支那のみではない、種族も同一でなく、言語も同一でない国々に及んでいる。しかるにともかくも支那文化の発展は、種族・言語の異なれる国に対し、立派に一つの系統的に連続せる歴史を形作っている。この点から観て、東洋史を支那文化発展史であるといっても毫《ごう》も差支えはないと思う。

湖南の支那文化中心主義は徹底した確信のようである。

「緒言」は最後に、支那文化発展の特性と時代区分について、湖南独特の洞察と判断を次のように述べている。

――真に意味ある時代区分をなさんとするならば、支那文化発展の波動による大勢を観て、内外両面から考えなければならぬ。

――ひとつは内部より外部に向かって発展する径路であって、すなわち上古のある時代に

支那のある地方に発生した文化が、だんだん発展して四方に拡がっていく径路である。あたかも池中に石を投ずれば、その波が四方に拡がっていく形である。

——次にまたこれを反対に観《み》て、支那の文化が四方に拡がり、近きより遠きへ、その附近の野蛮種族の新しき自覚を促しつつ進み、それら種族の自覚の結果、ときどき有力な者が出ると、それが内部に向かって反動的に勢力を及ぼしてくることがある。

——これは波が池の四面の岸に当たって反動してくる形である。

——しかしこれは、(中略)波のうねりのごとく間歇《かんけつ》的に来り、それが常に支那の政治上その他内部の状態に著しい感化を与えている。

——第三には、第一・第二の副作用として、ときどき波が岸を越えてその附近へ流れ出ることがある。

——陸上では中央亜細亜を越えて印度や西域地方に交通を開き、その際また印度・西域の文化を支那に誘致し、後には海上よりすなわち印度洋を経て西方諸国に関係をもつにいたり、歴史上の世界的波動に大なる交渉をもつようになる。(後略)

湖南はこの波動を支那文化発達史の根本性格と考え、そこから独自の時代区分を提唱することになる。

開闢より後漢の中ごろまで――上古
五胡十六国より唐の中世まで――中世
宋元時代――近世前期
明清時代――近世後期

ここで、湖南は重要なことをいう。

――支那文化発展の全体を通観すれば、あたかも一本の木が根より幹を生じ葉に及ぶがごとく、真に一文化の自然発達の系統を形成し、一つの世界史のごときものを構成する。

さらに湖南は警告する。

――日本人も欧洲人も、おのおの自国の歴史を標準とするゆえ、支那史の発展を変則とみるが、それはかえって誤っており、支那文化の発展は、文化が真に順当にもっとも自然に発展したものであって、他の文化によって刺激され、他の文化に動かされて発達してきたものとは異なっている。

まことに支那人は、よき理解者、弁護者をもったものである。この支那文化発展論は、今日でも、もっともポレミックな主題であると思う。

「概括的唐宋時代観」

湖南の有名な時代区分論、近世は宋の時代から始まるという考え方は、この「概括的唐宋時代観」に簡潔に述べられている。礪波教授も、この論文を逸することはできないと判断されたのであろう。

――中世と近世との文化の状態は、いかなる点において異なるかというに、政治上よりいえば貴族政治が廃頽《はいたい》して君主独裁政治が起こりたることで、貴族政治は六朝から唐の中世までをもっとも盛んなる時代とした。もちろんこの貴族政治は、上古の氏族政治とはまったく別物で、周代の封建制度とも関係がなく、一種特別のものである。

――この時代の支那の貴族は、制度として天子から領土・人民を与えられたというのではなく、その家柄が自然に地方の名望家として永続したる関係から生じたるもので、いわゆる郡望なるものの本体がこれである。

――かくのごとき名族は、当時の政治上の位置からほとんど超越している。すなわち当時の政治は貴族全体の専有ともいうべきものであって、貴族でなければ重い官職につくことができなかったが、しかし第一流の貴族はかならず天子・宰相になるとも限らない。ことに天子の位置はもっとも特別のものにて、これは実力あるものの手に帰したるが、天子になってもその家柄は第一流の貴族となるとは限らない。

——この貴族政治は唐宋より五代までの過渡期に廃頽して、これに代われるものが君主独裁政治である。貴族廃頽の結果、君主の位置と人民とが近接し来《きた》りて、高い官職につくのにも家柄としての特権がなくなり、まったく天子の権力によりて任命せらるることとなった。

——この制度は宋以後漸次発達して、明清時代は独裁政治の完全なる形式をつくることとなり、国家におけるすべての権力の根本は天子一人これを有して、他のいかなる大官も全権を有することなく、君主はけっしていかなる官吏にもその職務の全権を委任せず、したがって官吏はその職務について完全なる責任を負うことなくして、君主一人がこれを負担することとなった。

貴族政治から君主独裁制への変化を中世から近世への変化の特色として捉えた上で、

——この二種の政治状態を比較すると、貴族政治における君主の位置は、時として実力あるものが階級を超越して占むることとありても、すでに君主となれば貴族階級中の一つの機関たることを免るることができない。
――近世に入りてその貴族が没落すると、君主は直接に臣民全体に対することとなり、臣民全体の公の所有物で、貴族団体の私有物でなくなった。
――かくして臣民全体が政治に関係することになれば、君主は臣民全体の代表となるべきはずのようであるが、支那にはかかる場合なかりしために、君主は臣民全体の代表者にあらずして、それ自身が絶対権力の主体となった。

このように、宋以降の君主独裁制を述べたあと、元代だけは異例であると断ってから唐代からの官僚機構について述べる。

――唐代における政治上の重要機関は三つあった。いわく尚書省、いわく中書省、いわく門下省である。その中で中書省は天子の秘書官で、詔勅・命令の案を立て、臣下の上奏に対して批答《ひとう》を与えることになっているが、この詔勅が確定するまでには門下省の同意を必要とする。門下省は封駁《ふうばく》の権を有して、もし中書省の案文が不当と認むるときには、これを駁撃し、これを封還することもできる。そこで中書と門下とが政事堂で協議して決定することとなる。尚書省はこの決定を受け取って執行する職務である。中書省は天子を代表し、門下省は官吏の輿論《よろん》、すなわち貴族の輿論を代表する形式になっているのではあるが、もちろん、中書・門下・尚書三省ともに大官はみな貴族の出身であるので、貴族は天子の命令に絶対に服従したのではない。それゆえに天子が臣下の上奏に対する批答なども、きわめて友誼的で、けっして命令的でない。しかるに明清時代になりては、批答はまったく従僕などに対すると同様、ぞんざいな言葉遣いで命令的となり、封駁の権は宋以後ますます衰え、明・清にありてはほとんどなくなった。

――人民の地位も著しく変化してきた。（中略）貴族時代には人民は貴族全体の奴隷のごとく視《み》られしが、隋・唐の代となり、人民を貴族の手から解放して国家の直轄とし、ことに農民を国家の小作人のごとく取り扱う制度が作られたが、事実は政治の権力は貴族にあったから、君主を擁したる貴族団体の小作人という状態であった。

――唐代の租・庸・調の制度は、人民は政府に対して地代を納め、力役に服し、工作品を提供する意味のものであった。唐の中世からこの制度自然に壊《やぶ》れて両税制度となり、人民の居住が制度上自由に解放さるることとなり、地租などの収納も銭で代納することとなったので、人民は土地に拘束せらるる奴隷小作人たる位置から、自然に解放さるる端緒を開きしが、宋代にいたり、王安石の新法によりて、人民の土地所有の意味がますます確実になってきた。

――青苗銭《せいびょうせん》のごとき低利資金融通法も、人民が土地の収穫を自由に処分することを認める意味とも解さるる。また従来の差役《さえき》を改めて雇役《こえき》とし、ずいぶん反対者の攻撃を受けたが、この雇役制度はもっとも当時の事情に適せるをもって、後に司馬光《しばこう》が王安石の新法を改めたときに、新法反対論者の中にも、蘇東坡《そとうば》〔蘇軾《そしょく》〕はじめ、差役を復旧することはこれを否なりとした人が多い。支那は人民の参政権を認むるということはまったくなかりしも、貴族の階級を消滅せしめて、君主と人民と直接に相対《あい》するようになったのは、すなわち近世的政治の状態となったのである。

ここで湖南は官僚制と科挙について触れる。

――官吏すなわち君主と人民との中間の階級も選挙となった。もちろんこの選挙とは、今の代議政治のごとく代議的ではなくして、一種の官吏登用の形式を指すものなるが、すなわち選挙の方法が貴族的階級からの登用を一変して、試験登用、すなわち科挙となったのである。

――唐代の科挙はその方法がやはり依然として貴族的なりしが、これも宋の王安石時代から一変した。

――唐代より宋の初期の科挙は、帖括《じょうかつ》と詩賦とを主とした。経書《けいしょ》を暗誦する力を試験するのが帖括で、文学上の創作力を試むるのが詩賦である。

――王安石の制度では帖括に代うるに経義をもってし、詩賦に代うるに策論をもってした。経義は経書の中の義理に関して意見を書かせ、策論は政治上の意見を書かせた。

――試験に応ずる者も、唐代では一ヶ年に五十人ぐらいより及第しなかったが、明以後、科挙の及第者は非常に増加して、あるときは三年に一度ではあるけれども、数百人を超え、ことに応試者はいつでも一万以上を数うることとなった。すなわち君主独裁時代において、官吏の地位は一般庶民に分配さるることにおいて、機会均等を許さるることとなったのである。

――経済上においても著しき変化を来した。(中略)貨幣の流通が盛んになりしは宋代になってからである。唐代は(中略)多く物の価値を表わす貨幣の利用を、絹布によりて行った。しかるに宋代にありては、絹布・綿などの代りに銅銭を使用することとなり、さらに発達すると紙幣さえ盛んに用いられた。

――ともかく、唐・宋の代り目が、実物経済の終期と貨幣経済の始期と交代する時期に当たる。(後略)

――学術・文芸の性質も著しく変化してきた。

――唐の初期までは、漢・魏・六朝の風《ふう》を伝えて、経学は家法もしくは師法を重んじた。昔から伝え来った説をもってこれを敷衍《ふえん》することは許されたが、師説を変じて新説を立てることは一般に許されなかった。

――その結果、当時の著述は義疏《ぎそ》をもって主とした。義疏とは経書の注に対して細かい解説をしたので、これが原則としては「疏不破注」〔疏は注を破せず〕ということになっている。

――しかるに唐の中ごろから古来の注疏に疑いを挟《さしはさ》み、一己《いっこ》の意見を立てることが行われた。そのもっとも早いのは『春秋』に関する新説である。その後宋代になるとこの傾向が極端に発達して、学者は千古不伝の遺義を遺経から発見したと称し、すべて自己の見解で新解釈を施すのが一般の風となった。

――文学の中でも、文は六朝以来唐まで四六《しろく》文が流行したが、唐の中ごろから韓・柳〔韓愈・柳宗元〕諸家が起こり、いわゆる古文体が復興し、すべての文が散文体になってきた、すなわち形式的の文が自由な表現法の文に変わってきた。詩のほうでは六朝までは五言の詩で、選体すなわち『文選《もんぜん》』風のものが盛んであったが、盛唐のころからその風一変し、李・杜〔李白・杜甫〕以下の大家が出て、ますます従来の形式を破ることにつとめた。唐末からはまた詩のほかに、詩余すなわち詞が発達してきて、五言・七言の形式を破り、すこぶる自由な形式に変化し、音楽的に特に完全に発達してきた。その結果、宋から元代にかけて曲の発達を来し、従来の短い形式の叙情的のものから、複雑な形式の劇となってきた。その詞なども典故ある古語を主とせずして、俗語をもって自由に表現するように変わった。これがために一時は貴族的の文学が一変して、庶民的のものにならんとした。

――また、芸術の方では、六朝・唐代までは壁画が盛んに行われ、主として彩色を主としたが、盛唐のころから白描水墨の新派が盛んになったけれども、唐代を通じては新派が旧派を圧倒するわけにはゆかなかった。しかるに五代から宋にかけて、壁画が漸次屏障《へいしょう》画と変じて、金碧《きんぺき》の山水は衰え、墨絵がますます発達した。

――五代を中心として、以前の画は、だいたいは伝統的の風格を重んじ、画は事件の説明として意味あるものにすぎざりしが、新しき水墨画は、自己の意志を表現する自由な方法をとり、従来貴族の道具として、宏壮なる建築物の装飾として用いられたものが、巻軸が盛んに行われることとなり、庶民的というわけではないが、平民より出身した官吏が、流《りゅう》寓《ぐう》する中にも、これを携帯して楽しむことができる種類のものに変化した。

――音楽も唐代は舞楽が主で、すなわち音を主として、それに舞の動作を附属さしたもので、楽律も形式的であり、動作に物真似などの意味は少くして、ことに貴族的な儀式に相応せるものなりしが、宋以後、雑劇の流行につれて、物真似のごとき卑近の芸術が盛んになり、その動作も比較的複雑になって、品位においては古代の音楽より下れるも、単純に低級な平民の趣味にあうように変化した。そのもっとも著しき発達を表わしたのは南宋時代である。

――以上のごとく、唐と宋との時代において、あらゆる文化的生活が変化を来したので、（中略）要するに支那における中世・近世の一大転換の時期が、唐・宋の間《かん》にあることは、歴史を読む者のもっとも注意すべきところである。

「近代支那の文化生活」

この講演は昭和三（一九二八）年、湖南が退官して隠棲したのち、東亜同文会で行ったもので、礪波教授が『東洋文化史研究』から選んだ四篇のなかで、もっとも長いものである。

支那四千年というながい歴史を、古代・中世・近代と時代区分してみても、近代というものの内容に是非なければならぬ条件がどういうものか、それを考えぬと、近代の意味が十分に分からぬ、と断って、支那近代のさまざまな考察に入ってゆく。

――その近代の内容のうち、一つは平民発展の時代、（中略）支那の平民発展時代と申しましても、平民に参政権ができたというわけではありませぬ。（中略）しかしながらまたよく考えてみますと、参政権というようなこと、すなわち参政が権利化して、実際これが法律に纏まって出来上がっていることが、かならずしも近代に是非なければならぬ条件ではない。参政権がなくても事実平民の発展する時代がある。それはことに支那のごときがそうであって、時としては平民発展時代がすなわち君主専制時代であります。

と今日から考えるといささか奇異な発想を述べる。

――平民発展の時代の前は貴族の時代――貴族の時代と申しますのは、（中略）多数の貴族が参与しておる時代であります。（中略）とにかく政治上の権力を貴族に専有されて、平民が何らのそこに権力もなかったと同様に、君主も同様に貴族に対して実際の権力がないのであります。（中略）それで貴族時代が崩れて、君主も貴族から解放されます、平民も貴族から解放される。（中略）貴族という階級が取れましたから、それで君主専制時代がすなわち平民発展時代になります。

――宋の時代に王安石という人が新法を行いまして、歴史家の書いたところではそれが非常に悪法で、そのために宋の国が弱ったというようなことを言っておりますが、しかし今日から王安石が新法を執り行った時代を見ますと、新法の施行によって、われわれははっきりと平民が政治上に実際の権利を占めてくる様子が分かります。

――王安石という人が青苗銭という法を行った。（中略）米を植え付ける前、苗の時に人民に金を貸し付けて、収入のあったときに利息を付けて返還させる法であります。これが善い法であったはずであるのに結果が悪かったのでありますが、（中略）平民の土地所有を認めておるのと同じこと。（後略）

――その次は労働の自由であります。これも王安石のときに定まりました。唐代の支那の労働に関する政治というものは、日本にもありました。租・庸・調の法というのがあります。租は地租であります、調というのは織物などを納める税であります、その中に庸というのが労役を政府に対して供給する義務であります。すなわち一年に幾日かかならず政府の労役に服さなければならぬ。（中略）王安石はこれを代えて雇役というものにしました。（中略）人民は賃銀を貰って働くまでで、（中略）労役したくないものは応じない、（中略）すなわち労役の権利を人民に認めております。

――それから商工業の生産品の自由もだいたい宋代に認めております。それには和買《わばい》といって、人民と政府と相談ずくで人民のもっておる物を買い上げるということがあります。

――王安石はさらに市易《しえき》というものを考えた、田地・絹物などを抵当として政府から約二割の利で金を借《か》る法であります。それらはみな人民の物品の所有権が確定されたようなものであります。

――それからまた全体の財産の自由をも認めておる。それは王安石の後に行われたものでありまして、(中略)それは人民に自分の財産はどれだけの値段がありますということを自分で申し立てさせる。そうしてそれに対して二割という税を課することにした。これも後に弊政だということになりましたけれども、手実法《しゅじつ》というものを実行しました。官吏が横暴に額をきめる幣があり、(中略)重税を課しましたけれども、制度の精神としてはそうではないので、(中略)財産というものの自由を認めて、そうしてそれに税を課するという意味になります。

――これが物質的のことばかりでなくして、精神的のことにも及んできました。だいたい漢から唐までの学問というものは先生から伝えられたことを守って、それをだんだん解釈をして演述していくことはできるけれども、伝来した師説に背くことのできないのが漢から唐までの学問のやり方でありました。それが唐の中ごろから自由研究というものが起ってきた。(中略)宋のときにその自由研究の精神が盛んに起こりました。それで、昔からあるところの経書などにいたしましても、伝来の説を守らぬでもよくて、自分の考えで新しい解釈をしても少しも差支えないことになりました。それが平民時代の平民精神が学問に入ってきたのであります。

――さらに芸術のことに及びますと、この時代にはじめて文人画というものが出てきました。〔中略〕世にいうところの南画の中に文人画というものが特に一つの途《みち》を開きました。〔中略〕私はこの一種の画《え》の描《か》き方はやはり王安石の時代ごろから起こったと思います。その文人画の真意は芸術家の専門離れのすることであります。その前は画《え》は画工という専門家が描くことになっておりました。ところが宋代に新たに起こった文人画というもので素人が画を描くということが始まってきた、素人でも芸術に嗜《たしな》みのある人は画を描いても差支えないということになってきました。

――唐の初めまでは、画の題材としてはたいてい昔から経書とか歴史とかにある故事来歴に関係したことを画に描きました。山水は六朝の中ごろから発達しましたが、山水でも専門家が特別に研究して描きますから、非常に変わった景色のところを描くことでありましたが、文人画というものが、文与可〔文同〕・蘇東坡などによって起こりましてから、ただ都からあまり遠くない、誰でも見うるところ、誰でも描きうるところの山水を描くことになりました。それが芸術の専門家離れをしたことで、芸術にそういう精神が入ってきたのであります。

——それから工芸でありますが、工芸というものはよほど考えようによっては工芸は面白いものであります。（中略）私は文化の程度のはっきり分かるのはその邦《くに》の工芸が一番だと思う。（中略）ところが工芸に平民精神というものが宋のときに入ってきておると私は考えます。

——漢から唐までは工芸というものは朝廷もしくは貴族の需要に応ずるために作ったもので、（中略）工芸は多くは経済というものを無視して、朝廷に職人を雇っておきまして、（中略）食うだけのものをやって、いくら金がかかろうが、日数がかかろうが、そんなことに構わずにやらすところの工芸が漢あたりからできておったのであります。

——宋のころになりまして平民相手の大量生産が始まってきました。それは織物・陶器においてはことに著しい。大量生産というものが工芸の平民化であります。

このようにさまざまな分野を論じてきて、最後に湖南はこう結論する。

——とにかくこういうことで、すべて宋以降は政治でも、学問でも、芸術でも、工芸でも、あらゆるものに平民精神が入ってきておる。これが近代のいちばん大事な内容と思います。

＊　＊

この平民発展の時代という特色についで、湖南は、近代の条件として、政治の重要性の減衰という現象を挙げている。これは卓見であるが、同時にこの説明のなかで、現代人から見ると聞き慣れない面白い仮設を述べている。

――民族なり国なりの生活要素の中に、政治というものが昔は相当に重要なものでありましたが、それがだんだん（中略）政治が民族生活の主な条件ではなくなるということであります。

ここでさらに湖南は率直に、自分の趣味に即した政治観を述べる。

――私は政治というものは人間生活の中では原始的の下等なことだと思っております。政治というものは人間にばかりあるわけではない。政治の主なるものは支配ということでありますが、支配ということを理解しておるのは決して人間ばかりでありませぬ。蜂とか蟻とかいうものは立派な支配権をもっており、牛や犬なども大なる支配権をもっております。

――支配というものはいったい動物生活の、近ごろの言葉で申すと延長です。それで人間の生活の中で政治というものはかならずしももっとも重要なものでないのみならず、これは動物時代から続いてきておるので、たとえば人間に尾骶《びてい》骨があるくらいのものと私は考えておる。

尾骶骨とはよくもいったり、の感があるが、こうした政治観は、貴族・君主・平民という歴史上の存在についての湖南の解釈とつながっている。

——昔の貴族は政治のほかにいろいろ高尚な生活をしておりました。貴族には学問もあり、芸術もあり、工芸もあり、いろいろな生活要素をもっておりましたが、平民というものは支配される一方であって、君主というものはいわば支配する一方であって、ともにいたって簡単な生活を営ませられておった。それで平民が哀れなものであると同時に、君主もずいぶん哀れなものであった。

——主君はいろいろな道徳を強《し》いつけられて、人間なみの欲望を遂げる機会がいたって少いほどに強いつけられまして、そうしてわずかに生活をしておったので、それで君主と人民とは生活がいたって貧弱になっていたのであります。

——それが平民時代になってきますと、だんだん平民の生活の要素が豊富になってきます。平民が人に服従するための必要でなく、自分の生活のために道徳を必要とするようになり、平民が知識をもつようになり、平民が趣味をもつようになってきました。

湖南はこう語りながら、自分の説への反対論も十分意識していて、

——歴史家の中でも、この政治の重要性減衰については、特に支那歴史家にずいぶん反対論がありうるのであります。しかし反対する人は政治を人間生活の重要な要素だと考えておる人でありまして、そういう人は政治が動物生活の延長だと考えておらぬのであろうと思います。

こう述べた上で、支那の歴史において、官吏という存在が、古代以来、どういった存在で、近代でそれがどう変質しているかを述べる。かつて『史記』や『漢書』に書かれている、善き民政官すなわち循吏《じゅんり》とは、大岡裁判のようなことをやった人々で、地方の人民の中で暴威を揮《ふる》って威張るものを抑えつけること、また人民の租税などを寛大に公平に取ることというくらいのものだった。

ところが近代になると、役人も官吏生活と併せてほかの興味をもつのが近代官吏の常になったという。清の曽国藩という政治家が、「死に物ぐるいで官吏をやっておるものは、李鴻章ぐらいだろう」と評したという話があるが、曽国藩も李鴻章ほどには死に物ぐるいにならなかったということである、と湖南は皮肉っているが、

——支那では三年間も地方官をすれば、その間に一生食えることを考えます。支那人が一

生食うことになって、それから先何を要求するかというと、学問とか文学とかで名を遺すことであります。（中略）宋以後の人でいやしくも有名な官吏をしておった人に詩文集のない人は少い。

——支那人は官吏をするがために官吏をしておるのでなくて、それは生活を保証するだけにして、余暇を得て何か世に残る著述をしようという、それが官吏の目的なのであります。

——実際政治に携わる官吏がすでに官吏をもって終生の目的としておらぬ。それで官吏自身が政治というものを重要なものと思っておらぬ。（中略）それだけでも近代の政治の重要性が減衰していることが分かります。

——まず、この二つが近代ということの内容といってもよいかと思います。

近代の生活要素

第一、平民時代の生活の新しい様式の発生ということ。それは大衆に共通する生活ということで、天性のある者、特殊性のある者が圧迫されることが著しくなる。

たとえば近代的織物は貴族的織物とちがって大衆本位で、元・明以降、緞子といった大量生産の織物が盛んになる。緞子とは段子のことで、一反二反の反のことである。日本でも織物のことを反物というが、ここからきている。天子でも必要なだけつくるというのではなく、織物の産地に官吏を派遣して官用の織物を抜き取って都へ送るようになった。

第二、「民族生活の永続より来る結果」、民族も個人と同じように、幼少の時代から壮《さか》んな時代を経て、老衰の時代が来るとすれば、「平民時代というものはだいたい民族生活の衰頽期に近づいておる」。

――われわれが近来しきりに民主主義とかなんとかというものを謳歌しますが、しかしじつは民族の生活からいうと、民主主義というようなときは衰頽期であって、その衰頽期ということはまた一種の特殊性をもっております。

これはアメリカ人が聞いたらびっくりし、かつ意味不明で困惑するような発言である。しかし重要な問題なので、あとで改めて触れることにし前へ進もう。

民族も老衰期になると、幼少時代に還るように、古代に還ろうとする傾きがでてくる。壮年期の濃厚で複雑、人工的な生活から天然自然の生活に還るようになる。

第三、ほかの民族の侵入を受けて、「金とか元とかいう民族の野原に育ってきた生活が支那に注ぎ込まれてきた。その生活はその連中からいえば原始生活の森林の中から出てくるものでありますから、何でもないことでありまして（中略）支那人から見れば復古的に原始生活に還るということになってきております」。

――それが野蛮民族のはいってきたために、皮衣を着ることがたいへん高貴な生活ということになりました。

第四、古代の物を愛翫する傾きが出てくる。隋・唐のころから学問的な発掘品を趣味の対象とするようになる。学問と趣味の両方から古代の器を見るようになった。明朝時代になると、だんだん古器物が生活要素となる。

第五、支那というところは土地が大きく、交通が便利だった。そこで支那では地方によって特産物が盛んに起こりました。

＊　＊

この五つの要素が近代支那の文化生活を構成している、と湖南は考える。そして次のように附言していることも重要である。

――日本の少し学問を研究した人は、それが支那の国民性かとすぐいわれます。それは私は保証しませぬ。国民性ということと、それから時代相ということを区別するのはたいへん困難です。

湖南は簡単には結論を出さない。そのことが湖南の学問の深さといえるかもしれない。ただ、そのあとの結論として述べていることは、きわめて暗示的であると同時に、問題の難しさを感じさせる。

――どうかすると世界の民族生活というものの将来の暗示を、支那の状態によって得らるるということは有りうると思います。

――しかし国情が現在のように混乱しておるというと、また今までの歴史や事情で考えたことがしばしばひっくり返って、近代の支那を研究している人はみな閉口しておる。（中略）これでしばしば支那通のいうことはちっとも当てにならぬなどと世間から言われますが、それはじつは学問をしない人の浅はかさで、もう二十年か三十年待ってみると、一定した近代生活の事相が出てくる。

――結局は支那人というものは、自分の優越性をたいへん認めておる国民でありますから、ロシアの真似をしてみたり、その前は日本の国会政治を学ぼうとしたりしましたが、結局支那人は自己の優越性を認めて、やはり従来の支那式にするほうがよいということになりはしないかと思う。それが支那の近代生活から支那の運命に対して考えたごく貧弱な結論であります。

＊　＊

この昭和三年の講演の結論は、一見当らなかった。それから二〇年後、中国は共産革命に成功し、ロシアと共に、共産圏の二大国家となった。植民地状態は一掃され、完全な独立国家として、国際社会に登場することになった。

しかし、二十一世紀の今日から考えると、共産主義体制の運命もまたかなり明白な姿で見えてくる。

誇り高い毛沢東中国は、一度は中ソ同盟条約によってソ連と同盟関係に立ったものの、やがて中ソ論争から中ソ対立に至り、ソ連は米ソ冷戦の対立と競争に破れて、ベルリンの壁は崩壊して共産圏もまたソ連の支配下を脱し、ソ連自体が共産主義体制を放棄して、ロシアに回帰し、ソ連体制の建国の父であるレーニン像を引きずり下ろしてしまった。

これとは対照的に、中国は、毛沢東の文化大革命の惨状に耐えて、鄧小平の時代となったが、鄧小平は共産党独裁という政治体制を維持しながら、社会主義市場経済という経済の自由化の道を選んだのであった。経済の自由化は情報の自由化をもたらす。その後も政治の自由化も認めずにすむのだろうか。

いまだ事態は進行中で結論は出ていない。しかし、これからの中国の中に、湖南の予見した、誇り高い、支那らしさが、何らかの形で甦ってくるのではなかろうか。私にはそんな予感がする——。

民主主義と民族

この「近代支那の文化生活」という昭和三年の講演は、時代区分論にとってきわめて重要な作品として評価されている。しかし、時代区分論を越えて、面白い湖南の根本思想が述べられていて一考を要する。

その第一は、湖南の非政治性、反政治性である。非政治的人間は、洋の東西を問わず、時代を超えて存在する。同時代人としても、ドイツのトーマス・マンがすぐに思い浮かぶ。また、教養とか文化を重視する考え方の中には、往々にして、反政治、非政治の発想につながる場合が多い。

湖南がこの講演で、「政治を原始的で下等なもの」「政治の本質は支配であってそれは人類だけでなく動物にも共通する」と公言していることは面白いし、重要である。そして、この認識は「近代における政治の重要性減衰」説と表裏を成している。多元的な社会、多様な価値の実現を目指す近代社会では、政治に関係なく機能する職業や集団は増えてゆくし、かつてほど政治は重要ではなくなった、との認識も、近代社会の性格を考えると、多くの自由主義者が抱く発想であって、湖南の新しさ、普遍性を物語っているともいえよう。

＊　＊

ただ、民主主義——最近しきりに謳歌されている民主主義は、民族の老衰期の現象であるという認識はどう解釈すべきなのだろうか。正直にいって私はわからない、湖南の認識がどのような歴史的事実を念頭におきながら語った歴史観なのか。専門家あるいは識者のお教えを乞いたいと思う。

敢えて素人の妄言として、私の想念を披露すれば、民主主義を大衆民主主義《マス・デモクラシー》の意味で捉えているとすれば、あるいはそれに似た現象は、世界史のさまざまな段階であったかもしれないという気がしないでもない。

古典古代が、ポリスの存在と共にあり、その時期に、プラトン、アリストテレスの哲学体系も成立したとすれば、ポリスの解体期、ローマ帝国の下で、大衆社会の成立した時期、ストア学派やエピキュロス学派が流行した時期の社会は、人間は個人の平安や快楽を追求し、ポリスのような共同体を形成する力を失っていった。

このような現象は、ヨーロッパ近代にも観察できるかもしれないし、アメリカ社会でも独立戦争や南北戦争のころの、ワシントンやリンカーンの抱いていた共和国の理念、デモクラシーは、現代では変質して、大衆民主主義の負の性格が前面に出て、政治的には覇権を求める帝国となり、資本主義は国境を越えた国際資本、多国籍企業、そしてウォール街の株主支配、カジノ資本主義が、社会をアナーキーな性格なものとしてゆく――。

こうした大衆社会、大衆民主主義の性格を民族の老衰期と捉えるなら、あるいは納得する人々もあるかもしれない。

湖南と同世代の哲学者西田幾多郎が、一九三〇年代、クリストファー・ドーソンの「デモクラシーは万人のためのアリストクラシーでなければならぬ」という言葉に感激していた逸話も、湖南の説と同じ気分の上に成立していたかもしれない。

かつて一九三〇年代にはこうしたデモクラシーへの相対的評価が識者の間で一般的であった。そして戦後もイメージの時代、タレントの時代、メディアの時代にも、デモクラシーへの懐疑が擡頭していることも注目しなければならない。

ただ、以上は私の妄想、憶測であって、湖南の真意がどのような根拠のものか。ぜひ識者のご教示を得たい。

7　支那史学史

——近代日本の歴史意識——

近代日本における歴史意識

『支那史学史』は、湖南が大正年間（一九一二〜二六年）、三度にわたって京大で講義したノートに基づいている。湖南は自らは講義ノートを作成せず、すべては自分の脳中にある記憶に基づいて語ったというから、恐るべき記憶力、明晰な頭脳という他はない。

湖南自身、書物として上梓することを考えていたが、生前には果たさず、長男乾吉と神田喜一郎が一五年の歳月をかけ、戦後の昭和二十四（一九四九）年に公刊されたものである。

礪波版の『東洋文化史』は、『東洋文化史』（中公クラシックス、二〇〇四年）には、『支那史学史』の一章として位置づけられているが、紙数の関係もあったのだろう。実際には「支那史学史概要──『史記』から清初まで」と、「『通典《つてん》』の著者杜佑《とゆう》」、「章学誠《しょうがくせい》の史学」の三つが収録されている。

しかし「概要」は如何にも簡潔でエッセンスだけを走り抜けるように語ったもので、『支那史学史』のどっしりとした味わいがない。この際は『全集』第一一巻に戻って少し考えてみよう。

＊　＊

『支那史学史』は、実際に講義が行われたのは一九二〇年代、公刊されたのが一九四九年であるが、その間、第二次世界大戦を挟んで人類は深淵を覗きこむような深刻な体験をしている。しかし、歴史が近代史学として自覚され、歴史叙述の理論と歴史が省みられたことは、大戦を越えて持続された問題意識である。

内藤湖南の『支那史学史』もまた日本の学界のヨーロッパ史学の受容を横にみながら書かれたものであって、『支那史学史』を、あまり東洋史内部の仕事と考えることは、判断をまちがえることになると思う。

たとえば、戦後のザラ紙時代に、われわれは大類伸《おおるいのぶる》の『概論歴史学』が大量に出廻っていて手にしたものである。大類伸は東大系の歴史学者で、坪井九馬三《つぼいくめぞう》、箕作元八《みつくりげんぱち》の教えを受けた世代で、大著『西洋史新講』（冨山房、一九三四年）で有名であるが、同時に日本の城郭史にも関心があり、『ルネサンス文化の研究』（三省堂、一九三八年）では、安土桃山期の日本にも一種のルネサンスがあったことを主張して新鮮だった。

しかし、『概論歴史学』からとくに感銘を受けた記憶はない。敗戦直後はマルクス主義史学の復活期であり、羽仁五郎が『クロォチェ』という評伝を書き、早くクローチェの『歴史叙述の理論及び歴史』（岩波書店、大正十五／一九二六年）を訳していた。また学生叢書ではより急進的なラングロワ、セイニョボスというフランスの歴史家の存在を強調していたことが記憶に残る。

しかし、私としては、戦後に読んだにも拘らず、弘文堂の教養文庫の一冊として出た、鈴木成高の『ランケと世界史学』（弘文堂、昭和十四／一九三九年）に強烈な印象を受けた。その流麗な文体と鋭い問題意識で、ぐんぐん読者を引きずりこんだ。「それぞれの時代は直接神につながるものでなくてはならない」という命題は、ヘーゲル・マルクス流の弁証法や発展段階説への強烈な批判となっており、その静かな眼差しが私を捉えて離さなかった。同時に、鈴木成高氏には独特の世界史観があるようで、私は鈴木成高氏の著作を次々に読んでいった。

しばらく後で、林健太郎氏の『史学概論』（有斐閣、一九五三年）が出た。戦後、気鋭の歴史学者として登場した林健太郎氏の『史学概論』は、よく問題の急所を押さえ、バランスのとれた、最高の概論書であり、唯物史観の問題にも当時の立場を率直に語っていて好感がもてた。林健太郎氏はのちに英国のグーチの『十九世紀史学史』も訳されている。しかし、林健太郎ののち、史学そのものの理論的反省を主題とした書物はのちの世代から出ていない。史学が細分化されて個別の時代やテーマが関心となっていったのである。

湖南史学の雄大さ

こうした史学そのものの在り方について、日本でも持続的関心があったが、それは近代史学が西欧史学として意識され、ランケ、ベルンハイム、ランプレヒト、リース、マイヤーなど、ヨーロッパの大家の理論や書物がもっぱら関心の対象であった。

そうした中で、内藤湖南の『支那史学史』は有史以来の中国人の歴史意識の発生、発展を辿り、清末にまで及んでいるのであるから、ヨーロッパでいえば、近代史学だけでなく、ツキュディデスやプルタークといったギリシャ・ローマ古典から現代までを通観しているのであるから、その構想の雄大さにおいて、日本のみならず、中国でも稀な試みであろう。

内藤湖南は、古代から清朝衰亡までの全体を実感をもって押さえただけでなく、有史以来の歴史意識の発生と発展の過程を丹念に辿るという壮挙を成し遂げた歴史家だったのである。

それは単に湖南の個人的能力を超えて、湖南が生きた時代、京大史学科の雰囲気まで、さまざまな環境がなさしめた事柄であったろう。とくに湖南が学者として生きた大正年間が、文化の時代、教養の時代として、学問を成熟させる豊かさをもっていたことが大きな要素であったと思う。

＊　＊

しばらく『支那史学史』の構成と発想を眺めてみよう。ふつうは司馬遷の史記から始めるのだろうが、湖南は、中国で周代に発達した史官の制度に着目すると同時に史の起源、記録の起源、史書の淵源という、三つの〝はじまり〟に就いて述べていることである。これは湖南の特色であって、中国文明そのものの〝はじまり〟に就いても丹念な記述がある。何事も〝はじまり〟の形を問題にするのは、人類史そのものへの問いが強いためであろう。

古来、日本でも史記と漢書は支那史学の古典として、真先に語りつがれてきたものだが、湖南においても史記の評価は断然高い。漢書が断代史であるのに比べて、史記が時代を超えた通史となっていることを主として挙げているが、史記の本紀、世家、表、列伝という分類そのものが天才的であり、歴史を政治的人間の世界として、開闢《かいびゃく》以来の世界史となっていることは、司馬遷の独創であって、紀元前一〇〇年の時代に、こうした高い独創が出現したことは、人類史の奇跡であり、不思議であろう。

ただ、支那にあっては古いものほどよく、新しいものはだめ、という傾向があり、史学の場合にも、史記、漢書以来、固有名詞で記録されている存在は極めて少ない。

おそらく、史記、漢書に匹敵するものは、唐代を飛び越して、宋代の司馬光による『資治通鑑《しじつがん》』であろう。この『資治通鑑』については、日本でも古くから教養目録に入っていた古典であって、湖南も『資治通鑑』の成立過程、その特色・長所をかなり詳細に紹介している。

以後、元代と清朝は夷狄《いてき》の外来王期であるから、明朝の史学に頁を割き、李贄《りし》、揚慎《ようしん》、帰有光《きゆうこう》、胡応麟《こおうりん》といった学者の名を挙げているが、長所・短所をよく押さえて、とくに評価の高い人物はいない。

むしろ清朝になって、明朝の遺臣であった二人、黄宗義《こうそうぎ》と顧炎武《こえんぶ》を取りあげ、清朝の史学、学問がこの二人の影響下で発展したことを特筆していることが目立つ。

ともかく湖南の博覧強記は空前絶後の支那史学史の通史を完成させたのである。その詳細について、これ以上、ここで追うことは必要ないように思う。清朝が衰亡し、中国の近代革命（辛亥《しんがい》革命）が進行中に、湖南とその同時代人は、その行方を強烈な関心で見守りつつ生きていたのである。そのとき、上古から清朝までの通史と、史学史という歴史意識の展開の全体を把握していた巨人が日本に存在していたことは、人類史の中のひとつの驚異というべきだろう。ただ、湖南と京大支那学の水準の高さは、単に京大内部の現象ではなかったことである。

中島敦と武田泰淳

湖南は一九三四年に死んだが、やはり活躍の最盛期は一九二〇年代であろう。ところで、一九三〇年代から第二次世界大戦の終る一九四五年の間は、日中関係は泥沼の武力衝突が拡大する一方で、軍部に対して無力になってしまった日本の政党人、経済人、言論人などは、暗澹たる気分の中で生きていた。

そうした中で、中島敦の「李陵」（一九三八年）や武田泰淳《たけだたいじゅん》の『司馬遷——史記の世界』（日本評論社、一九四三年）が生まれていることは、後世の我々日本人は改めて三思する必要があるように思う。

中島敦は、戦時下に夭折したために、生前にはごく少数の狭い仲間の間でしか知られておらず、文壇の入口である芥川賞候補となりながら落選するなど、その作風があまりに文壇小説と掛け離れていたために、当時の文壇的常識では判断しかねていた、というのが実情のようである。『文學界』に持ちこんだ深田久弥とそれを読んだ河上徹太郎の好意的批評が目立つ程度であった。

しかし、今日になれば、中島敦の学と芸がずば抜けた水準のものであり、その清冽な詩情と自由な空想力が如何に貴重なものか、中島敦のとくに中国古典に材を採った作品の系列は、時代を超えて読者を確実にもつであろう昭和の文学的古典である。その代表作「李陵」は漢の武帝時代、匈奴《きょうど》の征伐に出かけた将軍で、最初の勝利にも拘らず、匈奴の総力をあげた反攻に敗れ、非運にも匈奴軍に囚れの身となり、悲惨な後半生を送ることになる。

司馬遷はこの李陵を弁護したことでその真意を疑われ、宮刑に処せられるという極限の非運に見舞われる。

――司馬遷は生き恥さらした男である。

という冒頭の句に始まる、武田泰淳の『司馬遷――史記の世界』もまた、戦時下に書かれた評伝で、「歴史論とも、思想論ともつかぬ、文芸評論風の風の字つきのもの」であったが、武田泰淳としては、『史記』を個別的考証の対象としたり、古代史研究の資料として置きたくはなかった」という。「史記的世界を眼前に据え、その世界のざわめきで、私の精神を試みたかったのである」と初版の序で語っている。

中島敦と武田泰淳という才能は、日中戦争下という最悪の時代に、時代風潮を超え、中国最高で最古の古典に接して、自分の存在を震撼《しんかん》させるようなインスピレーションを得たのであった。

しかも、李陵の事件によって宮刑に処せられた司馬遷という存在は、生涯、李陵という悲劇の将軍と切っても切れぬ宿縁を負っている。だから後世の文人たちにとって、李陵といえば司馬遷であり、司馬遷といえば李陵なのである。中島敦と武田泰淳はまったく同じころに、史記世界の表裏を描いたのであった。

そしておそらく、この二人は二人共、京大支那学の内藤湖南の著作を十分には読んでいない。

湖南を始め、支那学の学者たちは、講義に打ちこんでいて、著作化することを第一義の仕事とはしておらず、『支那史学史』も、乾吉と神田喜一郎の編纂になるもので、公刊は戦後の昭和二十四（一九四九）年である。

中島敦は漢学の家系で、内藤湖南と同様、支那古典は幼いころから身に染みついていたであろう。大学では国文学専攻だが、一高の文芸部に属し、漢学も英文学の素養も、すでにそのころにある水準に達していたと思われる。武田泰淳は竹内好と一緒に中国文学研究会の同人で、古い漢学に反撥していたというものの、家が僧籍の家系であり、仏教・儒教は幼いころから肌に染みついていたと考えてよい。

この二つの作品が世に出たとき、湖南はすでに亡くなっているが、もし生きていたら、どんな反応を起こしたであろうか。私には諸手をあげて積極的に評価したのではないかと思われる。湖南は学者として禁欲的態度を貫いたが、もとを正せば新聞記者であり、文人であった。中島敦の「李陵」がどのような資質と学芸を背景としているか、芥川賞の選考委員よりは勘が働いたはずである。またある意味では八方破れの武田泰淳の『司馬遷』を史記と司馬遷という存在の真髄を摑んだものとして面白がったはずである。

自ら〝文芸評論風なもの〟と謙遜しているが、そこには捨身で、自在な、若干、敗戦直後の安吾の『堕落論』とも共通するふてぶてしい無頼派の構えを感じとることも可能である。

ともかく、作家武田泰淳は、死ぬまでこの『司馬遷』を超える作品を書くことができなかった。そのことを周囲もいい、本人も自覚していた。私も若干の接触があったが、武田泰淳は作品よりも存在のほうが偉大であり、それを保証しているのが『司馬遷』であるような気がする。

日本の中国理解は江戸期までの儒者の世界とは別に、近代的学問と文学の世界で、中国に対してだけでなく、国際的にも誇れる水準の作品を生み出していたのである。

近代日本の外交的・軍事的侵略は最終的には狂気の段階にまで達しているが、その反面、戦争という凝縮した空間の中で花開いた学芸作品がこれほど純度の高い中国理解を示していたことは貴重であり、なぜそれが可能であったか、今日の我々は改めて問う必要がある。

現代歴史意識の混迷

辛亥革命以降、毛沢東中国の成立、文化大革命から鄧小平の社会主義市場経済と、中国近代化、現代化の着地点はいまだに見えていない。それは必ずしも中国史内部の問題だけでなく、二十世紀の世界史の問題と関連している。

辛亥革命が、日本の支援を期待しながら、孫文自身がロシアへの期待を強め、中国共産党が成立し、以後、中華民国の国民党と中国共産党との国共対立と国共合作の間を揺れ、最後は日本帝国の敗退と無条件降伏で、大陸の内部に力の真空状態が生じ、ついに国共内戦によって、中国共産党と八路軍の全面勝利に終った。中国共産党の戦略と八路軍の志気が蒋介石の国民党より勝っていたということだろう。

第一次世界大戦がロシア革命を生み、第二次世界大戦が中国革命を生みだした。この二つの共産革命の日本への衝撃もまた強烈であり、日本の知識人・学生の間には伝染病のように共産主義運動と共産主義理論が浸透していった。

それは無神論と唯物史観、階級闘争を軸とする思想と世界観の問題であった。日本の学界でも、唯物史観が圧倒的な影響力をもち、階級闘争はプロレタリア文学と労働者、労働組合の至上命題であった。

日本ではマルクシズムの流行が、昭和初頭と敗戦後の昭和二十年代に二度繰り返されることになる。

当初、革命ロシアと革命中国は当然、同盟関係を樹立した。そしてアメリカとの間の冷戦が激烈を極め、アジアでは朝鮮戦争、ベトナム戦争という二度の熱戦を経験したにも拘らず、中ソ関係は中ソ対立となり、さまざまな社会主義、西欧の構造改革路線にも道を開くことになったのである。

また、昭和四十一（一九六六）年、毛沢東の発動した紅衛兵運動――文化大革命は、棚上げされた毛沢東の奪権闘争の性格をもち、実権派の劉少奇《りゅうしょうき》、次には林彪《りんぴょう》グループを失脚させ、最後に四人組と古参指導者の対立となったが、毛沢東の死（一九七六年）と共に、華国鋒《かこくほう》や葉剣英《ようけんえい》によって四人組が逮捕されて文化大革命は終息した。しかし文革一〇年間の傷は中国社会と知識階級の内に深い傷跡を残した。

毛沢東は自らのつくった体制を自ら破壊する永久革命の思想家だったのか？　難しい問題を後世に遺した。文革の急進主義を是正したのは、最終的に鄧小平の社会主義市場経済という現実路線だった。これによって中国経済は活気を帯びることになったが、歴史観の問題としては、どちらの方向に向うのか、方向指示能力を失った。さらに、一九八九年のベルリンの壁崩壊、一九九一年のソ連共産党解散、ソ連帝国の解体で共産主義運動とその理論は完全に破産したのである。

冷戦期間中、とくにケネディ政権とそのブレーンたちは、唯物史観に対抗した「ノン・コミュニスト宣言」を作成し、W・ロストウによる離陸（take-off）による工業化こそ近代化であるというアメリカン・イデオロギーを宣言し、日本でも、ライシャワー大使による近代化理論が強くアピールされたのであった。

戦後日本は、マッカーサーによる民主化という近代化論の上に、ライシャワーの工業化による近代化という二重の近代化路線が唱導されたことになる。

戦後を日本軍国主義からの解放と受けとった戦後民主主義派の知識人は、次第に路線を急進化させ、清水幾太郎、丸山真男、竹内好、久野収、鶴見俊輔といった人々は、自由主義と共産主義者の合作を指向し、人民戦線、社共統一戦線を目指した。そして一九六〇年の安保闘争の過程で、人民議会の創設を唱える(竹内好)急進主義にまで進み、現実路線に転換した日本共産党と対立し、さまざまなセクトに分裂してゆくという過程を辿ることになった。その帰結は連合赤軍の浅間山荘事件、よど号ハイジャック事件、アラブ急進派への参加という国際急進主義への合流で、その過程を眺めていた新世代に、政治への〝白け世代〟を誕生させることになった。

アメリカによる近代化論は、やがて先進国対発展途上国という図式を生み、途上国への経済支援が先進国共通の命題となった。しかし、この図式も冷戦の終焉以後の、新しい世界規模の紛争で、新たな歴史的段階を迎えることになった。その象徴が、アメリカのペンタゴンとニューヨークの世界貿易センターへの自爆テロという、新しいテロリズムの、唯一の覇権帝国アメリカへの挑戦であった。

二十世紀はロシア主導の唯物史観も、アメリカ主導の近代化論もその効力を失い、それに代って、史観の空白を埋めるものとして、〝覇権国家〟論や〝帝国〟論が流行り出した。

カレール＝ダンコース女史の『崩壊したソ連帝国——諸民族の反乱』（新評論、一九八一年。藤原書店、一九九〇年）は、もっとも早い出現だが、E・トッドの『帝国以後——アメリカ・システムの崩壊』（藤原書店、二〇〇三年）が国際的話題となり、さらに最近では、現代中国を単なる共産中国というより、国際関係に伝統的な華夷秩序を持ちこむ中華帝国として捉えようとする見方が、日本の若い世代の中からも出始めている。

＊　＊

現代中国は清朝衰亡以後、辛亥革命以後の挫折を越え、日本を始めとする世界列強の半植民地化の状態を脱し、独立の近代国家として、さらに工業化による富強な帝国として存在している。

かつて、内藤湖南も予見できなかった共産中国の出現も、歳月と共に歴代王朝とも共通する中華帝国の相貌を持ちはじめたことは興味深い現象であり、内藤湖南の支那学も、新しい効力と共に甦《よみがえ》りつつあるような気がするのである。

将来世界に向かっての偶然性と可能性

歴史もまた、つまるところ将来に向かっての人間の行動に資するためのものである。過去の記録に拘わるだけが、真の歴史とはいえない。そうかといって、歴史を離れた未来学といった発想で将来がわかるものでもない。多くの情報が集まれば、未来が予測できると思うのも錯覚である。情報が過剰であるために判断をまちがえるということが往々にしてある。

真の先見性は、人間と歴史への洞察力を養うことでしか生れない。その洞察力は歴史と思想と文学の古典によって磨くしかない。つねに古典に還りつつ、古典を出て真っ直ぐに将来を見据えるしかない。

波多野精一は未来と将来を区別し、未《いま》だ来《き》たらざる時よりも、将《まさ》に来《き》たらんとする時のほうが人間存在にとって貴重であることを説いている（『時と永遠』岩波書店、一九四三年）が、私も未来という言葉よりも、将来という言葉を復活させるべきだと思う。

将来社会は我々の自由な意志と選択によってつくられるが、将来世界もまた人類の英知と自由な決断にかかっている。

二十一世紀の世界は対テロリズムの問題が不透明で先行き予断を許さないが、日本とEUは、アメリカの孤立と独善を避けることにもっと協力すべきであるし、また中国とロシアがアメリカの行動に正面から反対しないことにもっと注目すべきだろう。中国も内部に少数民族や香港、台湾問題を抱え、ロシアもまた複雑な周辺民族や国家のテロリズムに直面しているためであろう。米中露はその意味で現状維持勢力としての共通性をもつことになった。

東アジアに位置する日本は、朝鮮半島に、北朝鮮という危険なならず者（？）国家を抱え、米日中露韓朝の六ヵ国協議という枠組に直面している。この顔触れを眺めていると、東アジア情勢は、明治時代と本質的に少しも変わっていないことを実感する。

近代日本は、自らの帝国の権益を拡大することで、中国の反撥、ロシアの警戒心、そしてアメリカの介入を誤算して自滅してしまったともいえるが、朝鮮半島には、今日も依然として六ヵ国という複雑な勢力が関係していることを、もっと重視し、かつての失敗を繰り返してはならない。

九鬼周造の偶然性の哲学は、人間の世界と同時に歴史の世界の根本性格を捉える面白い命題を含んでいる。人間の世界も歴史の世界も、将来に向けて可能性と偶然性を含んでいる。人間も歴史も多数の主体から成り立っている。偶然性は人間にとって出会いと邂逅《かいこう》の哲学であるが、歴史の世界でも多数の主体のぶつかり合いの場として、それぞれの意志が働くから、偶発的事故が起りやすい。これからのことは予断できないし、さまざまな可能性（危険性）があることを覚悟しなければならない。多様な可能性を計算しながら可能性の幅を少しでも拡げてゆかなければならない。

このことが、人間の行為的世界の、実践的連関としての基本性格なのである。

＊　＊

湖南の『支那史学史』を語って、いささか先まで歩み過ぎたかもしれない。しかし、支那論の著者であり、ジャーナリストでもあった湖南先生は、末輩のジャーナリストの妄想を許して下さると思う。

次章では湖南以後の京都支那学と京都学派の世界史の哲学に就いて考えてみたい。

8　宮崎市定の位置
――『アジア史論』の方法と磁場――

京大史学科の伝統

宮崎市定（一九〇一～九五）は内藤湖南と桑原隲蔵という二人の先達の史学に学び、それを発展させた東洋史学者として名高い。その業績は、全二四巻、別巻一の全集（岩波書店）によって知られる。今日では谷沢永一や向井敏といった専門外の読書人からも絶讃され、その評価は不動のものとなっているが、進歩史学・進歩史観が大勢を占めていた一九五〇年代、六〇年代には、地味な傍流の史学者といったイメージがないわけではなかった。

京都では中国文学の吉川幸次郎、史学では貝塚茂樹、哲学では田中美知太郎の三人が京大人文科学を代表する存在と見做されており、メディアでもそうした対応が一般的であった。しかし、一九六〇年代、宮崎市定監修に成る「中国人物叢書」（新人物往来社）は、宮崎門下の俊秀を揃えて、中国史上の古今の英雄を描いて壮観な絵巻物となっている。

戦前に企画された、弘文堂発刊の田辺元監修の「西哲叢書」が話題だった時代があり、また吉川幸次郎監修の「中国詩人選集」（岩波書店）が、戦後の一九五〇年代の名企画として世人の記憶に残るが、この二つに匹敵する企画だったのである。いずれも京大文学部の最盛期、学芸出版の最盛期を思わせる事件であった。

＊　＊

最近、中公クラシックスから宮崎市定の『アジア史論』が復刻された（二〇〇二年）。編者は直系の礪波護氏である。内藤湖南の『東洋文化史』に続く入門書といってよいであろう。宮崎市定の業績の全貌は厖大すぎて手にあまる。この『アジア史論』を材料として、宮崎史学の性格を考えてゆこう。

ただ、『アジア史論』の検討に入る前に、宮崎市定その人についての私の印象を簡単に語っておこう。宮崎市定は信州の北東、現在の飯山市静間で、市蔵と悦の次男として生れた。市蔵は長野師範学校本科の第一回卒業生で、飯山小学校の教師をしていた。市定は地元の秋津小学校に通い、長野市への修学旅行の際には、豊野駅まで歩き、生れて初めて汽車に乗った。一九一四年、県立飯山中学校に入学、二年後に一週間、修学旅行で初めて京都を訪れ、大阪と奈良を廻って帰った。この時の印象は強烈で、京阪地方で見たもの聞いたものが、みな驚きで、憧《しょう》景《けい》の的であったという（この履歴は礪波護氏の解説に基づく）。

要するに、奈良・京都・大阪の古都の文化に率直に驚き、憧れる田舎者だったのである。この田舎者振りは終生、宮崎市定につきまとい、京都生れの貝塚茂樹や神戸育ちの吉川幸次郎と、肌合いの違いを感じさせた。しかし、その田舎者だからこその剛直さが宮崎市定の真骨頂で、学問の虚飾なき独創性と相俟《あいま》って、宮崎市定その人への、また宮崎史学への信頼感を形成していた。

『遊心譜』は宮崎市定の亡くなった一九九五年の三月に刊行された随筆集であるが、そこで語られている吉川幸次郎との交友、また、小川琢治、貝塚茂樹二代にわたる交友など、宮崎市定が深く信頼され、またいかに愛されていたかが解る逸話の数々が掲載されている。

宮崎市定の初期の書物『東洋に於ける素朴主義の民族と文明主義の社会』（冨山房、一九四〇年）

は、その長たらしい表題とテーマが、一度覚えたら忘れられない書物である。これは中国本土の漢民族の形成した高度の文明社会と、中国周辺の民族との交渉・衝突・侵入の長い歴史を観察し、単なる漢民族内部の歴史を対象にしていない。最初から中国を中心とした世界史的構造に関心がある。このことは、その前年の一九三九年に『ランケと世界史学』（弘文堂教養文庫）を書いた西洋史学科の鈴木成高と、問題意識が重なるところがある。両者共に、世界史の構築に関心があり、相互に相手の仕事を読んでいた形跡がある。

戦後のことだが、宮崎の仕事を最大級の言葉で誉めたのが鈴木成高であったという逸話からも、両者の精神的共感が感ぜられる。このことは、宮崎の世界史論と同時に、京都学派の『世界史的立場と日本』にもつながってくる問題であり、何らかの新しい視点の必要を感じさせる事件といってよいであろう。

「世界史序説」

礪波護氏の編纂した中公クラシックスの『アジア史論』は、主として戦後、一九四〇、五〇年代に書かれた論文を中心に構成されている。京大史学の伝統的概念である、東洋史という表現をアジア史に転換したのが、宮崎市定であった。これは戦後の解放された雰囲気、またその中で急速に勢いを増したマルクス主義を横目で見ながら、少しでも新鮮で有効な概念を使用する必要を感じたためだろう。

その際、宮崎の西アジアへの関心が伏線としてあったことが考えられる。一九三〇年代、宮崎は横光利一などと一緒の船で、戦禍の拡がりゆくヨーロッパに赴き、パリでヨーロッパのシノロジーの新しい息吹きに触れ、パリのあと予定していた北京留学をあきらめて、ヨーロッパからの帰途、西アジア地方を廻り、パリからアメリカ経由で帰国している。

この西アジア旅行は歴史家宮崎市定の歴史観に根本的インスピレーションを与えたようである。それは人類史における西アジアの先進性であり、エジプトと共にメソポタミアが人類文化を発祥させ、その文明が世界各地に伝播《でんぱ》したのが人類史だという、一元論の立場を確立させたのである。

昭和十三（一九三八）年八月、帰国した宮崎は、急速に戦時体制に移行してゆく日本社会に動員されてゆく。帰国二週間後に、近衛文麿首相を総裁とする東亜研究所が内閣直属の国策機関として開設され、まもなく京都大学の東洋史研究室にも委託事業を依頼してきたために、宮崎の身辺は急速に慌ただしくなってゆく（礪波解説、宮崎市定『アジア史論』中公クラシックス、二〇〇二年、八頁)。

これで見ても、大学と政治、国際政局との関連が本格的で大規模であることが解る。羽田亨、小島祐馬をはじめとする京都大学、また京大文学部が国の要請に協力しながら、最大限の学問の自由と自立のために腐心していったこともよく解る。宮崎市定の仕事もそうした中で行われ、また京都学派の発言もこうした中から飛び出してゆくことになる。

＊　＊

さて『アジア史論』に収められた「世界史序説」は、原稿依頼をしてきた出版社が倒産したために、ながい間日の眼を見ないできた曰く付きの原稿である。昭和三十三年に訂補されたものだが、執筆年代は明確には解らないらしい。最初は『アジア史研究　第二』に収録されたものという。

ともかく、宮崎市定の世界史観を考える上で、短いながら、簡潔に全体の性格を摑むことのできる貴重な論文といえよう。

＊　＊

全体は六章に分かれ、「歴史学のあり方」「地域と時代」という最初の二章が序論的な内容であり、歴史学の意義、地域区分と時代区分の意味を語っている。

三章から五章までが、「古代史的発展」「中世史的発展」「近世史的発展」が語られ、古代・中世・近世の古典的三分法を採用しながら、宮崎市定独特の発展の内容が語られ、古代・中世・近世には、それぞれ固有の発展の仕方があることを強調している点が独創的である。

最後の「最近世及び現代」は産業革命以後の人類史の新段階と欧米優位の世界に触れ、日本の悲劇について述べているが、まだ戦後日本の姿が明確にならない一九五〇年代に、日本の成功と失敗の歴史の経験も決して無駄ではあるまい、と説いている点で、宮崎史学の剛直さが感じられる。

序論の「歴史学のあり方」で、歴史は正確に過去を知りたい、多少なりとも将来を予測したい、現在を後世に伝えたい、という希望が人類の本能なら、歴史学は人間の本能に根ざした学問である、と冒頭に指摘していることはやはり含蓄のある定義といえよう。

またそうした欲求に始まり、現在から過去に遡った昔の史書、日本の『古事記』や『日本書紀』、中国の『春秋』や『史記』、ギリシアのツキュディデスやローマのポリビウスに比べれば、現在に関係のない過去を研究している最近の歴史学は退歩である、と言い切っているのも面白い。

また、地域区分で、世界史を東洋史と西洋史とに分けるのは現今では不十分であり、西アジアとヨーロッパの相互敵視と相互刺戟に注目しているのが、宮崎史学の独創性であろう。それと関連して、「歴史学における地域区分は、地理学のそれとは同一でない。歴史には歴史的時間が存在し、地域区分の境界が浮動するからである」と述べていることも味わい深い。

＊　＊

さて本編の古代・中世・近世の三区分法による世界史観であるが、それぞれの時代に固有の発展があり、それは宮崎史学の真骨頂である、東西の比較史的視野が根幹になっている。

とくに、古代において「中国古代にも都市国家が存在した」ことを指摘したのは、宮崎の若いころで、宮崎史学の出発点でもある。宮崎は古代史の考え方を、内藤湖南の文献学と濱田耕作の考古学の両方から学んだといわれ、ギリシアのポリスと似た都市国家が不完全ながら古代中国にもあったという宮崎説は学界に波紋を呼んだ。

都市国家から領土国家へ、そして広大な統一的な帝国へと発展してゆく型が、西洋でのギリシア・ローマに見られるのと同様に、中国でも春秋・戦国時代から秦・漢の壮大な帝国が建設される。この発展の型が古代的発展と呼ばれるものなのである。さらに宮崎史学における古代史は、ギリシア・ローマと中国の間にある西アジアでの古代的発展を重視する点にある。

メソポタミア南部におけるスメル人の都市国家が次第に統一され、アッカド王サルゴンの帝国となり、それを継承したバビロニア王朝、次にエジプトの新王朝、次にアッシリア帝国、そして最後のペルシア帝国がバルカン半島をも含む前代未聞の大帝国を建設している。

＊　＊

こうした古代史的発展に対して、中世史的発展の特長は分裂・割拠の形態をとることである。封建的割拠は、土地の荘園化、私有化を促進し、天子もまた封建諸侯に倣って、屯田や均田からの収益に頼る大土地所有者であった。

しかし、古代にあって宗教が氏神的民族宗教の段階にあったものが、世界的普遍宗教となり、キリスト教や仏教が支配的になる。ヨーロッパの場合は、キリスト教がローマ法王庁として政治力をもったが、中国での仏教はそれほどの力をもたず、俗権と教権の衝突は諸帝王の宗教に対する迫害となって現われた。

また中国での中世は、絶えず北方から侵入する遊牧民に苦しめられ、華北の諸帝王は、異民族出身の酋豪であったという。

西アジア・東アジア・ヨーロッパを通してその中世的発展は、一見、退歩・逆転・混乱・無秩序に見えるが、古代史での跛行的発展の欠陥が是正され、近世史的発展を準備したというのが、宮崎史観であるといえよう。

＊　＊

さて、最後の近世史的発展であるが、宮崎が重視するのは宗教改革、学芸復興、古代への憧憬である。

とくに西アジアにおける近世的発展としてイスラム教の宣布運動を重視する。キリスト教・ユダヤ教・拝火教などの堕落を歎いて、真の一神教を目指す宗教運動であり、社会運動であり、思想革命と同時に政治革命であったという。

このイスラム宗教帝国は西アジア一帯、小アジア・シリアを回復し、アフリカ北部、ヨーロッパ西南端のイベリア半島に及ぶ範囲を有する大帝国であったという。その学芸復興はそれから二百年後、アッバス朝教主、ハルナ・ラシッドの時代を中心に行われ、国都バクダッドは当時世界における文化の中心であり、ペルシア・ギリシア・インドの古代文献は殆んどアラビア語に翻訳されたという。

今日のアメリカとイラクの戦争が、バクダッドを中心に戦われていることは、何とも痛ましく、また歴史上、もっとも由緒ある地域への新興アメリカの侵入であることは、事態の困難さを想像させる。

このイスラム興隆時代は中国は唐時代に当り、アラビア人に追われたペルシア貴族は財貨と文化を携えて、東アジアに逃れたという。唐とペルシアの交渉史も、日本へのペルシア文化渡来も面白い主題である。

中国の近世的発展については先師・内藤湖南の有名な宋代近世説という時代区分があり、これについてはこの『アジア史論』の中でも、「東洋的近世」という力篇が収録されている。ここでは触れまい。

中国では仏教と道教で、浄土教と禅宗が興隆し、少数貴族の私有的寺院から、多数者の公共的寺院となったという。学芸復興は儒教に明白に顕われ、朱子によって大成された宋学が新しい学問となった。また中世的貴族が没落し、農奴が解放されて、自由平等の新社会が実現し、官僚制度では科挙の制度が設けられて、公平な制度が確立したのである。

宮崎史学の重要な視点は、これまで世界での先進性の証しとして、ヨーロッパのルネサンスや宗教改革が考えられていたのに対し、西アジア、東アジアの刺戟の下に、ヨーロッパの学芸復興、宗教改革が始まったと断定してヨーロッパ人の定説に挑戦し、逆転させていることである。

＊　＊

終章の最近世及び現代史については、すでに感想を述べたが、産業革命以後の世界、そこでの日本の成功と失敗、その教訓は簡潔だが、味わい深い。

宮崎史学の豊饒と強運

ここで、『アジア史論』の他の論文に及んでもよいのだが、私など素人の部外者から見て、宮崎市定を囲む学問的環境と宮崎さん自身の強運について、ひとこと触れておきたい。

京大史学科は哲学科と並んで、人材、綺羅星の如く、宮崎さんほど恵まれた学問的環境で、生涯、研究生活を送れた人も少ないということである。

出発点において、濱田耕作という国際的考古学者、内藤湖南という独創的な文献学者の影響下で研究生活に入り、歴史学、東洋史学に関しては、桑原隲蔵、内藤湖南両者の学説を吸収し、しかも、狩野直喜、小島祐馬、羽田亨、小川琢治といった巨匠がその周囲を囲んでいる。しかも、その人々と深く学問的対話が成立しているから、単なる上司、先輩ではなく、共同の学問的伝統の形成者なのである。これほど恵まれた環境は同時代でも、遡って考えても、海外でも滅多にあるものではない。

もう一つ、宮崎市定は一九〇一年生まれ、二十世紀を生き抜いた存在だが、一九〇一年といえば、文壇では小林秀雄より一歳上、横光利一（一八九八年生）、川端康成（一八九九年生）と同世代である。哲学者では三木清（一八九七年生）と同世代である。

この同世代人たちは、昭和の初頭から文筆活動を始めた文人たちであり、四十八歳で獄死した三木清などは例外であるが、横光、川端、小林など、いずれも時代の色によって染め上げられた存在であり、〝不安と実存〟の季節を生きた人々である。

こうした文人たちに比べると、宮崎市定は終始、学問の世界に生きた人、アカデミィアの人だった印象を受ける。一九九五年没という長寿だったせいもあるが、戦争の影が色濃く刻印されていない。

宮崎氏も召集されて軍隊生活の経験もあったが、三ヵ月で召集解除という幸運の所有者であり、留学先としての北京生活はできなかったものの、第二次大戦の直前のパリ留学を果して、さらに西アジア旅行という、当時としては稀な壮挙を成し遂げている。

もう少し下の世代、鈴木成高氏は遂に若いころ留学経験をもつことはできなかったし、会田《あいだ》雄次《ゆうじ》氏に至っては『アーロン収容所』という極限体験となる。宮崎市定氏が強運の人だという実感は、こうした留学や旅行を戦禍の拡大する中で、辛うじて経験できた稀な存在だったことである。

そして、この「世界史序説」に見られるような〝世界史像〟を持ちえたことは、やはり宮崎市定個人のずば抜けた能力にも依るが、同時代の歴史意識の成熟があったことを見なければならない。それは〝世界史の理論〟乃至〝世界史的立場〟との関連、同質性を検討することになる。それは次章の課題である。

東洋史の上の日本

『アジア史論』の構成は、「世界史序説」を巻頭に、「中国古代史概論」「六朝隋唐の社会」「東洋的近世」「西アジア史の展望」「東洋史の上の日本」の六本の論文で構成されている。いずれも重要で面白い論文だが、分量的には「東洋的近世」が一番ながい。

ただ「東洋的近世」は、内藤湖南の宋代近世説を祖述した部分が多いと断っており（一〇九頁）、すでに触れてもいることなので、ここでは素人の日本人に一番身近な「東洋史の上の日本」を取り上げることにしよう。

面白いことに表題の扉の横には、次のような宮崎史学の性格を語った箴言が書かれている。

――これは歴史の叙述であると同時に私の歴史哲学でである。私は歴史を叙述することから離れて、ただ理論だけを述べる方法を知らない人物である。

このエッセイはちなみに、昭和三十三（一九五八）年に書かれている。敗戦から日本が立ち直りかけたが、まだ高度成長が顕在化せず、〝もはや戦後ではない〟と唱った経済白書（後藤誉之助）が、論争の的になったころである。

さらに「まえがき」でも面白い哲学を語っている、「いまのことでもわからないのに、百年、千年の昔のことがわかるものか」という反歴史主義に対して、そもそも、わかるとはどういうことかと反問し、人生観とは即歴史観であることを強調し、時間と距離が歴史理解の公平な判断の基礎であると断じている。

「古代の日本」の章では、宮崎史学の根幹から入り、エジプト、メソポタミアに発生した人類文明が伝播して、ヨーロッパやアジアの文明をつくったという文明一元説を語り、古代史的発展の都市国家から始まり、大統一帝国を形成した、ペルシア帝国、秦漢帝国に及び、アジアを貫く東西交通の大幹線があり、その東の終着駅が日本であることを指摘する。これを宮崎市定はターミナル文化と呼ぶ。声明《しょうみょう》という音韻学が、インド↓中国↓日本と伝播したとき、中国ではあまり流行せず、日本にきて、独特の音符文字の仮名文字としての日本文字が発明されたことを述べている。

また仏教・儒教文明を受け入れた大和朝廷と近代西欧文明を受け入れた明治政府の類似性を語り、比較していることは極めて示唆的である。

次の「中世の日本」では、世界に共通する、割拠的・分権的傾向を捉えて、鎌倉幕府が、源氏一族によって武家政権をつくり、普遍的統一的秩序から逆流して日本的なものを守り、蒙古・高麗軍を撃退して日本の独立を守ったこと、また日本人の挙措動作を考察して、ヨーロッパや中国の椅子とベッドの生活に対して、重心の低い独特の坐り方が日本で生れ、家具家屋までが軽い、低い生活となったことを指摘していることは、具体的で鋭い。

中世では貴族仏教が民衆仏教となり、親鸞の『教行信証《きょうぎょうしんしょう》』から『歎異抄《たんにしょう》』『御文《おふみ》』『六条紕縁起』『和語灯録』といった和語による解りやすい仏典が民衆に浸透したことを具体的に語り、ただ日本の場合、宗教改革が近世の始まりとならず、中世に再復帰してしまうことを日本史のちぐはぐさとして指摘する。

とくに政治の革新運動としての建武の中興が挫折し、南北朝の抗争から応仁の乱、戦国時代と大混乱時代が続くことを特記している。

次の「近世の日本」では、信長・秀吉・家康の三人の英雄が尾張・三河といった京都に近い周辺地域から起ったことを重視する。諸大名が京都を目指したのは、勤王の志からではなく、近畿地方が交通・経済・文化の中心だったからだという、リアリズムを説いているのも、宮崎史学の一つの大切な性格である。

徳川のながい平和を鎖国による変態的平和と呼び、近世が封建制といっても、大名は単なる地主、武士は俸給生活者で、実質はかなり変っていたことを指摘する。

偉大なる歴史家の条件

産業革命以降の最近世及び現代については一方で、明治維新から日露戦争までの世界史的意義を評価しながらも、日本の脱亜入欧路線がアジアの信頼を裏切り、米・英との対立を強め、やがて太平洋戦争という壊滅的破局を迎えた日本への、宮崎市定の筆はきびしい。宮崎市定は〝剛直〟な人である。ズケズケと本当のことをいうので、多くの人は顔を背けたくなるような言葉もある。しかし、そのきびしさの背後に、この世代の、また信州人の愛情が隠されていることを我々は感じとるべきだろう。

＊　＊

宮崎史学にとって、西アジア旅行の体験は決定的なものである。一〇六年前、内藤湖南は決意して大陸に渡り、単独で支那各地を歩き、当時の中国知識人との対話を試みた。当時としては画期的なことである。

「偉大なる歴史家は偉大なる旅行家である」という有名な言葉、テーゼがある。その意味では、内藤湖南も宮崎市定も、偉大なる旅行家であり、偉大なる歴史家である。そしてまた、内藤史学と宮崎史学は中国の宋代近世説で一致しており、共通している。このことは、中国の内発的な発展を信じ世界史の発展の類似性を信ずることでもある。

ただ、ここまで考えてくると、かつての増淵龍夫氏の問題提起に帰ってゆくことも感ぜざるを得ない。中国と日本に関しての、津田史学と内藤史学の対立である。

戦後日本の次の世代では、やはり高度成長期を代表する歴史家として、京都の梅棹忠夫を挙げぬわけにいかない。梅棹忠夫と司馬遼太郎は成長期日本を代表する歴史家であり、思想家であった。その梅棹忠夫の『文明の生態史観』は人類学・民族学を出目とするクールな生態史観であるが、日本と西欧との等質性を指摘し、中国との相違を強調する点で、本居宣長や津田左右吉に近い。また〝専制か割拠か〟を中心命題としたK・ウィットフォーゲルに近い。

それに対して、「支那人以上に支那人の立場に立って考えた」内藤湖南は中国の内発的発展を信じていたが、宮崎市定も中国史の発展の正当性と日本の発展の跛行性を強調する傾向が強い。

われわれ素人歴史愛好家は結論を急ぐことなく、先哲の学問を熟読玩味しながら、討論を重ね、現代中国の行方を注視してゆくことだろう。現代中国の着地点は依然として見えていないからである。

9　世界史的立場と日本

――世界史と歴史哲学の間――

大島メモの語るもの

二〇〇一年十二月に出版された大橋良介氏の『京都学派と日本海軍』（ＰＨＰ新書）は、同年十月に出版された竹田篤司氏の『物語「京都学派」』についで話題になった本である。竹田篤司氏の書物が、広く京都学派周辺のエピソードを拾い集めた穏やかな物語だったとすれば、大橋良介氏の書物は戦後、戦争責任を問われて京大を追われた京都学派の代表的論客四人に対する擁護であり弁護の文章である。

竹田篤司氏が、東京教育大（現・筑波大）での、下村寅太郎の弟子であり、師の死後、書斎・書庫の整理に当った際の、新資料の発見に基づいたもの、あるいはそれに刺激された文章であるとすれば、大橋良介氏の文章も、亡くなった大島康正宅に保存されていた大島メモ（戦時中に京都学派周辺の人々が海軍との極秘の会合を記録したもの）の発見に基づいている。

大橋良介氏の書物の趣旨は、「京都学派の狙いは、海軍と組んで陸軍の暴走を食いとめるところにあった」のであり、それは戦争を阻止することが本来の狙いであった。それが座談会開催の直後、戦争が勃発《ぼっぱつ》してしまったために、「戦争が始まってしまったからには……」、国民としてそれに協力すべきだ、との義務感から、戦争するからには、〃東亜共栄圏の倫理性と歴史性〃を自覚すべきだし〃総力戦というものの性格を理解しなければならない〃と説いたに過ぎない、というものであった。

私も大橋氏の論旨に概ね賛成であり、京都学派の四人の方々は戦争で死んでいった青年たちへの指導的言論人としての責任は負うべきだが、戦争犯罪人などではなく、また大学を追放される理由などなかった、と思う。

四人の方々は、一言の弁明もなく、転向することもなく、戦中・戦後を一貫して学者として、知識人として、思想家として生きられたと思う。それが如何に立派なことだったか、私もいまの年齢になって、しみじみと解る。

　ここではこの責任論にこれ以上、深入りはしない。大橋氏の著書に書かれている〝大島メモ〟の中に登場する人物に注意を喚起したいのである。

　大島メモには、海軍との秘密の会合への出席者の常連として、高山岩男、高坂正顕《こうさかまさあき》、西谷啓治、木村素衛《もともり》、鈴木成高《たか》、宮崎市定《さだ》、日高第四郎。田辺元、高木惣吉大佐も時折出席し、ゲストとして、湯川秀樹（物理学）、柳田謙十郎、東京から、谷川徹三、大熊信行などが出席しており、狭義の京都学派ばかりではなかった。

　日高第四郎は京大哲学科出身で戦後、田中耕太郎文部大臣のときの文部省学校教育局長、天野貞祐《ていゆう》文部大臣のときの文部次官を務めた、文部行政畑の熱血漢であり、私も一高のとき、講演を聞いている。

　柳田謙十郎は、戦時下に西田哲学の入門書を書き、戦後は転向して、唯物論の入門書を書き、どちらもベストセラーになった器用人である。

　私が注目したのは、宮崎市定がこのメンバーの一人だったこと、哲学科の多いなかで、鈴木成高と共に史学科出身であり、鈴木が西洋史であり、宮崎が東洋史専攻だったことである。

哲学科・史学科に共通する歴史認識

おそらく、会合に出席していても、宮崎市定の風姿も発言も地味なものだったろう。したがって、『中央公論』の座談会のメンバーには選ばれなかった。そのことが四人の論客との明暗を分けた。

宮崎市定は自らも語っているように、

——歴史学者の常として、具体的・個別的な記述以外に、歴史哲学を抽象的に語り得ない存在である。

と規定していることは、大切なテーゼであると思う。昭和十年代、あるいは一九三〇年代に、京大の学者たちの置かれた情勢は共通したものがあったが、概して哲学科の人々は積極的に反応し、史学科の人々は抑制的な態度で、時局に対応していたように思う。

創設期の狩野直喜や西田幾多郎は現役を去り、小島祐馬や田辺元がおそらく、それぞれの学科の中心人物であったろうが、『歴史的現実』を書いた田辺元と、時局に対してきわめて慎重で発言を控えた小島祐馬とでは、かなり態度がちがっていた。

しかし、そうした微妙な相違を超えて、一九三〇年代には、史学と哲学の両方から、学問的認識として、歴史哲学と世界史について成熟した思考がさまざまに展開されていったのである。哲学の方でいえば、三木清の『歴史哲学』が昭和七（一九三二）年、高坂正顕『歴史的世界』が昭和十二年、『神話』が昭和十五年、高山岩男『世界史の哲学』が昭和十七年、などがあり、史学の方からいえば、鈴木成高『ランケと世界史学』が昭和十四年、『歴史的国家の理念』が昭和十六年で、学問的認識のレベルで（単なる時局認識を超えて）、歴史哲学的思考、世界史的思考が熟していっているのである。

そうして、宮崎市定が京大東洋史、支那学の伝統の上に立って構想した史学も、『東洋における素朴主義の民族と文明主義の社会』という処女作以来、横光利一と同じ船で渡ったパリ留学後の支那西域地方の旅行を通して、エジプト、メソポタミア地方を中心とする古代文明の発生とその伝播の形態を実感的に摑み、ヨーロッパ文明の相対化に至ったこと、そして戦後において発想した「世界史序説」も、やはりどこかに、哲学科や西洋史学の中で熟した世界史、歴史哲学と共通の部分があったのではないか、というのが私の推測である。

ただ、いわゆる〝京都学派〟が主として大学と書斎の中で、思弁的に構想したのと比べると、宮崎市定は師の内藤湖南と同様、大旅行を敢行して、現地の実感の上に自らの歴史構想を樹立している。

これは戦後の人類学グループ今西錦司、梅棹忠夫、川喜田二郎といった人々の野外派の行動様式、発想様式につながるものである。そして生態観察という実証主義（？）とも近く健康な（！）方法のように思われる。

鈴木成高史学の独創性

ただ、生涯お互いが知己として認めあったといわれる鈴木成高と宮崎市定であるが、宮崎市定が戦後、京大で宮崎史学を成熟させ、豊かな業績として実らせたのと比較すると、鈴木成高史学は、京大追放ということもあって、青壮年期のブリリアントな世界史学者は不幸にして晩年に豊かな実りを得なかった。東京に出てこられ、創文社の顧問として優れた編集能力を発揮され、また客員教授として籍を置かれた早稲田大学では、仲手川良雄氏のような史学上の弟子を得られたのであるが、鈴木成高氏自身の中世ヨーロッパ研究は、敗戦直後の『封建社会の研究』が公刊されただけで『中世精神史研究』が期待されていたのだが、ついに実現しなかった。代りに『中世の町――風景』（東海大学出版会、一九八二年）という紀行文が一冊残された。東京に出てきた鈴木成高氏に、早くから私淑していた私は、創文社や逗子の長者ヶ崎のご自宅に長時間お邪魔して話しこみ、ご迷惑をかけたなつかしい思い出がある。鈴木成高氏の飄々とした人柄に惹かれた面もあるが、私は鈴木史学そのものの、鋭く、輝かしい発想と文体に惹かれていったのであった。

この魅力について、ここで簡単に記しておきたい。それは第二次大戦の戦中・戦後にわたる私の精神形成史に関わる問題でもあるからである。

私が鈴木成高氏の著作に接したのは、むろん戦後のことである。戦時中に弘文堂から出た教養文庫の中の『ランケと世界史学』を敗戦直後の古本屋で見つけ、同様に『歴史的国家の理念』も古本屋で見つけた。

敗戦後、解禁されたマルクス文献、マルクス主義史学は、競って学生、知識人の間で読まれた。マルクスでいえば『ドイッチェ・イデオロギー』（三木清訳、岩波書店、一九三〇年）、『共産党宣言』（英文）、『資本論』（独文）などはわけがわからぬまま、輪読会で序文だけは読んだ記憶がある。マルクス主義史学でいえば、羽仁五郎の『ミケルアンヂェロ』『明治維新』『クロォチェ』『東洋に於ける資本主義の形成』などが先頭を切っている感があったし、石母田正《いしもだしょう》の『中世的世界の形成』から『歴史と民族の発見』など話題の中心であった。

しかし、そうしたマルクス主義史学が、戦後の二・一ストを始めとする労働争議、講和条約締結前後の血のメーデー事件、下山事件、三鷹事件、松川事件、そして朝鮮戦争の勃発と警察予備隊の発足といった、騒然たる世相を背景に、勢いのよい発言を強めていったとき、私には季節はずれの戦時中の鈴木成高の文章の方に、真実があるように思われたのである。

——それぞれの時代は、直接神につながらなければならない。

有名なランケの言葉は、本来、ヘーゲル、マルクスへの批判がこめられていたように思うが、敗戦直後の世相下で、「共産革命が近い」といった強迫観念が強かった状況下で、ランケの言葉に接したとき、私にはランケの方に真実があるように思われた。共産革命のために手段を選ばないマキャベリズムが、学生運動、労働運動の気分の中に横溢《おういつ》しており、私は従いていけなかったのだが、そうした躊躇《ちゅうちょ》に根拠を与えてくれたのがランケであった。

昭和十六（一九四一）年十二月に公刊された『歴史的国家の理念』の第一部は、世界史と大英帝国が扱われており、大英帝国の性格と構造、成立と崩壊がみごとに描かれていて、戦後に読んでみても、この認識は今日でも変える必要はないと思われた（ただ戦前の日本の知識人の多くは、英国を知りながら、アメリカの力を予測できなかったことに盲点があったと思われる）。

第二部は、「歴史と現代」と題され、現代の転換性と世界史の問題、中世と現代、進歩主義と歴史主義、歴史と人格性、といったテーマが論じられており、「世界史的立場と日本」での発言の発想の元は既に述べられている。

こうした二著に接した私は、すっかり鈴木成高史学の文体と発想の虜《とりこ》となり、駒場の図書館で『ヨーロッパの成立』（筑摩書房、一九四七年）を見つけてこの書物にのめりこんだ。ここで扱われているのは、ヨーロッパの形成と世界史観の歴史という、二つのテーマである。どちらも私にはワクワクするほど、刺激的であった。「欧洲的世界史を世界史において欧洲として考え直す」べきだと主張する筆者の具体的な内容が語られていること。また、世界史は対象ではなく構想の問題であり、「全体を求める志向である」といった発想は、根本的思考というものの所在を教えてもらった感があった。

そして、こうした歴史の理論や世界史の発展をスケッチしながら、鈴木成高は『封建社会の研究』（弘文堂、昭和二十三／一九四八年）という大部の中世史研究を公けにしている。すなわち、鈴木成高にとって、戦中・戦後において、まったく変っていないし、基本認識は微動だにしていないのである。

こうした鈴木成高は編集者としてアテネ文庫を創刊し、アテネ新書を企画して、自らの『産業革命』という卓抜な書物を書き、義父の小島祐馬の『中国の革命思想』を口述筆記し、猪木正道の『ドイツ共産党小史』を世に送り出している。

さらに創文社の顧問として『現代史講座』(全七巻・別巻一)を企画し、丸山真男、林健太郎、上原専祿、都留重人、竹山道雄といった、他では考えられないメンバーを一堂に集めて、全巻一冊をかけた大シンポジウムを実現している。

私自身、気づかなかったが、学生時代の歴史認識の大部分を鈴木成高氏から学んでいたのである。

こうした鈴木成高は、一方で宮崎市定の仕事を評価し、若い世代の梅棹忠夫の『文明の生態史観』に敏感に反応している。三高教授時代、鈴木さんは梅棹忠夫や川喜田二郎の及第会議に出席しており、裏表六年(?)在校した山岳部の猛者《もさ》たちをなつかしそうに回想しておられた。

……

世界史の理論

中央公論社版の『世界史的立場と日本』が戦中・戦後、話題となり、戦中は右翼から、戦後は左翼から攻撃目標となったことは、知識人の間ではながく知られた事実であった。しかし、近年、燈影舎から刊行された京都哲学撰書の第一一巻『世界史の理論』は、戦時中、弘文堂から発行された『世界史講座』第一巻から復刻されている。私自身、戦時中にこういう講座が出ていること自体知らなかった。

この燈影舎からの復刻版には、森哲郎氏の長文の解説が附されており、よく考えられた編集になっている。

巻頭には師である西田幾多郎の「学問的方法」（一九三七年）という講演集を掲載し、そのあとに、

世界史の哲学　西谷啓治
世界史観の類型　高坂正顕
世界史観の歴史　鈴木成高
世界史の系譜学　務台理作
世界史の動学　高山岩男
伝記　相原信作

この六本の論文が収録され、そのあとに戦後の証言として、大島康正の「大東亜戦争と京都学派」（『中央公論』一九六五年八月号）が全文再録されており、そのあとに「歴史への問い直し」

として、下村寅太郎の「世界史の可能根拠について――歴史哲学的試論」(『哲学』第一八号、一九六八年)、西谷啓治の「空と時」「空と歴史」(『宗教とは何か』創文社、一九六一年)の三篇を収録している。そして思索の共同の歴史という言葉を使って、グループ全体に共通の思索が芽生え、成長していったことを指摘している。

これは『世界史的立場と日本』と比べて、はるかにアカデミックなレベルの論文集ではあるが、基本的思考は変っていない。そして、私自身、学生時代に鈴木成高『ヨーロッパの成立』に収録された「世界史観の歴史」に感動し、昭和四十(一九六五)年、躊躇する大島康正氏の尻を叩いて「大東亜戦争と京都学派」を書いてもらい、〝知識人の政治参加〟という副題をつけたのは編集者の私だったのだから、私の人生も思想もあまり変っていない(!)。

こうした世界史観、世界史理論、あるいは歴史哲学は、二十一世紀の今日も基本的には生かすことのできる作品群だと思う。

太平洋戦争へのコミットメントは予測を誤まったとはいえ、勃発してしまった戦争に対して、国民として、知識人として協力することは、ひとつの立場として正当である。それは敗戦を予測しながら「堂々と戦え」と訴えた自由主義者の河合栄治郎とも、息子に対して「安んじて祖国のために身命を捧げよ」(『海軍主計大尉小泉信吉』文藝春秋、一九六六年)と説いた小泉信三とも決して遠い立場ではない。「日本は二十世紀中に悲愴な運命に遭遇するかもしれない」と予感した和辻哲郎とも近い立場である。

大東亜戦争は暴挙であったが、愚挙ではない。帝国日本の主張にも多少の理由はあった。昭和国家が軍部の横暴を抑えられず、知識人や市民を抑圧し、国民を総動員して全体戦争、総力戦を戦ったのである。それは善悪を超えて、二十世紀の大きな転換期であり、それぞれの国が意味の争奪戦を演じたのであり、日本がもう少し賢明さをもてば、もう少し増しな役割を演じられたかもしれない。

ヨーロッパ列強に倣って、自らも植民地をもつ帝国として振舞った日本に、大東亜共栄圏の指導者面をする資格はない。しかし、同時代としての昭和史の事件は、刻一刻、その意味を変えていったのであり、国の帰趨《きすう》によってその意味も変ったただろう。京都学派が戦争の意味を誘導しようとしたことは空しかったが、それもひとつの知識人の正当な役割であった。

転換期の姿

太平洋戦争に日本が敗北したことで、アジアの情勢は大きく変り、ドイツの敗北によってヨーロッパは大きく変った。

二十世紀の前半世紀は、二度の世界大戦と二つの革命によって特色づけられる悲惨な五〇年だった。ロシア革命と中国革命は、知識人と青年に多くの幻想を抱かせたが、今日となれば、それが希望ではなく幻想だったことは誰しも認めるところである。

二十世紀の後半世紀は、米ソ冷戦を軸に展開され、米国とソ連は覇権国家として対峙したが、すでに原爆の出現で、全面戦争とはならず、冷戦という新しい対立形式を生んだ。しかし、それは主としてヨーロッパ地域のことで、アジアでは朝鮮戦争、ベトナム戦争といった代理戦争を米国は戦わねばならなかった。ソ連は第二次大戦で、東ドイツを含む東欧諸国一帯を支配下においたが、フルシチョフのスターリン批判以後、ハンガリー事件、チェコ事件、ポーランド事件と、間歇《かんけつ》的に被支配民族の反乱が起り、また毛沢東中国との間で中ソ対立が顕在化し、「社会主義への道」もさまざまという、多元的認識をもたらすことになった。

またNATOの一員となった西独も、日米同盟を結んだ日本も、意外に早い復興と繁栄を取り戻した。ドイツも日本も近代社会・近代国家のインフラを戦前からもっていたためであろう。

しかし同時に、かつて絶対的主権をもった近代国民国家の時代は終り、第二次大戦後の世界はアメリカ主導でつくられた国際組織の間で形式的協調を維持することになった。

国家はさまざまに制限された主権の下で生きているのが現実である。だから人類と世界は国境や民族を越えたグローバリズム現象を経験しているが、反面、国民国家が国際社会の基礎的単位であることも忘れてはならない。それは二十一世紀になっても変らないし、人間の生命・財産の安全と保障も、国家が担いつづけるであろう。

かつて哲学と史学は、過重な負担に喘いだ。しかし、第二次大戦後は、より分析的な社会諸科学のめざましい発達によって、国際政治学、人類学、社会学、精神医学、言語学等が分析用具の武器として活躍している。

しかし、人類と世界、地球社会は人口、資源、エネルギー、環境問題などからくる危機意識、あるいはイスラム過激派のテロリズムの出現で、改めてユダヤ教、キリスト教、イスラム教、仏教、儒教、神道など、多様な宗教問題が新しい相の下に浮上してきている。

この全体を捉えるために、史学と哲学はもう一度、問題解決の武器として意識されてくるだろう。われわれの祖父たちの開拓した近代的学問としての世界史と歴史哲学の業績はその問題解決のための示唆を含んでいるように思われる——。

10 『文明の生態史観』以後
――梅棹忠夫の仕事――

生態史観の構想と誕生

戦後日本が到来したのち、今日の視点から見て、もっとも重要な位置を占める史観は、梅棹忠夫の『文明の生態史観』であろう。これはもともと、昭和三十二（一九五七）年二月号の『中央公論』に掲載された「文明の生態史観序説」として発表した論文が基礎となっている。関連した論文をまとめて、昭和四十二（一九六七）年単行本として刊行され、以後、ロングセラーとなって今日に至っている。

敗戦からの一〇年間は、マルクス主義史学が主流となり、それと別の流れとしては、A・トインビーの『歴史の研究』という大部の体系が西欧の新しい傾向として、精力的に紹介、翻訳された。

古来からの、六十余に及ぶ文明圏が詳細に紹介・検討され、文明の時間的同時代性として比較研究され、また異文明間の接触と交流が、〝挑戦《チャレンジ》と応戦《レスポンス》〟という鍵概念で捉えられ、面白い視野を提供していた。しかし、トインビーの史観は雄大であり過ぎて、現代と結びつきにくかったせいか、その影響も永続しなかった。

それと比べて梅棹忠夫の『文明の生態史観』は、戦後日本が高度成長期に入って以降の、歴史的・思想的根拠をあたえたせいか、影響は永続的であった。

梅棹忠夫自身が理系出身で、動植物の生態観察から出発したせいもあって、文章自体が透明でクールであり、それまでの哲学・史学・社会科学の重苦しい文体とまったくちがっていたことが、まず新鮮に映じたのであろう。かなり、大胆にこれまでの通説を否定していても、感情的反撥を起さなかったのも、文体のせいのように思う。

第二に、日本という国をアジアの中に位置づけるのではなく、ユーラシア大陸の東と西にある列島として、英国と日本の相似性を指摘し、視野を拡げたことである。同時に日本と西欧が封建社会の発達した地域として、中国、インド、ロシアといった専制帝国とは成立と構造がまったく異なることを強調し、前者を文明の第一地域とし、後者を第二地域として区別し、近代化の起る地域は第一地域の国々であり、第二地域の国々は専制帝国の隆替があるにすぎない、と明言したのであった。

この生態史観は、今西探険グループの戦中のモンゴルを中心とした辺境地域の調査が土台となっており、その結論は中国と日本がまったく質を異にする文明であることを強調することとなった。「日本はアジアではない」とは、梅棹忠夫が繰り返し説くところである。

不思議なことに、史観と称しながら二十世紀の戦争と革命についてまったく触れていない。また同時代の流行史観、唯物史観にも触れていない。これまでの人文科学・社会科学とは異質な動植物の生態観察に始まった自然科学的史観なのである。師・今西錦司が『生物の世界』から『自然学の提唱』にいたる独特の人類学者だったように、またサルや類人猿の研究から人類の研究に研究領域を拡げたように、梅棹忠夫の生態史観も生物学的人類学に基礎を置いている。

中村桂子さんが、今西錦司の体系を称して「行為的直観の生態学」と名付けたように、今西錦司の学問は、その基礎として東洋の、あるいは仏教の、あるいは西田哲学の行為的直観から出発している。このことは今後の世界における西欧的思惟に対する、日本的思惟の有効性が問われることを意味するだろう。それは今西生態学・梅棹生態史観も同様である。

＊　＊

ところで、梅棹生態史観の核心は、比較宗教史的視野を持っていることである。宗教史は文化史の頂点を成す。文学史、芸術史、思想史といったジャンルよりも、その意味するところは大きい。その世界での、東西の比較宗教史を仏教とキリスト教を核として構想したところに、梅棹史観の雄渾さ、骨格のたしかさがある。

バラモン教→仏教→ヒンズー教

ユダヤ教→キリスト教→イスラム教

この二つの世界宗教の比較を通して、系譜の並行現象が存在することを梅棹は指摘する。じつは、この論文の内容に関して、上山春平氏と私は二人だけで梅棹氏から講義を受けたことがある。数十年前のことだが、そのときの興奮はいまだに忘れられない。聞き終って、私は、

――ところで、こうした宗教史の意義はどのようなところにあるとお考えですか。

と尋ねてみた。ところがその返事が振るっていた。しばらく考えこんでいた梅棹氏は、

――そうやな、ナッシングやな（Nothing）。

側で聞いていた上山春平氏もさすがに、

——そんな無茶や、人類のビリーフシステムが無意義だなんて……。

と絶句してしまった。

私もその口述の体系の面白さに固唾を呑んでいただけに、その体系は無意義だと宣言する梅棹理論を理解できなかった。どうも梅棹氏は自然科学者だけに、宗教を伝染病との比喩で考える無神論的傾向があったのかもしれない。そして、大分あとになって、梅棹氏が『荘子』を好むという文章を読んで、老荘思想からくる逆説であったか、と思い当ったのであった。

＊　＊

ところで、生態史観の面白さはもうひとつの側面があることである。それは、昭和三十八（一九六三）年に『放送朝日』に掲載され、『中央公論』に転載された「情報産業論」との関係である。梅棹忠夫は情報は擬似商品であって、真正の商品ではなく、ひじょうに性質のちがうものであり、情報産業は虚業であって、実業ではない。ましてや、工業などではさらさらありえない、という立場に立つ。

そして、情報産業の時代は工業時代のあとにくるものであり、人類社会は農業社会→工業社会→情報社会と発展してきたという、独自の人類の発展段階説が背景として存在している。これもまた、マルクスの発展段階説に比すべき雄渾さをもっている。発表された当時、興奮して、『放送朝日』から『中央公論』への転載を主張して、編集長の山本英吉氏に頼みこんだのは私であった。山本さんはよく意味が呑みこめないようであったが、転載は許可してくれたのであった。

ところで、梅棹氏がそのときに洩らした感想がまた面白い。

——情報産業の時代が進行してゆくと、生態史観の有効性は否定されてくるんだけれどもね。

自然科学者にとっては仮説の設定と廃棄は自由自在で、あまり拘わりはないのかもしれない。

戦後日本の昂揚期、司馬文学と共に

日本全土が焦土と化した空爆のあと、敗戦を決断した日本は、アメリカの占領下で廃墟のなかから再出発した。それは虚無と混迷のなかからの復興であったが、占領は日本の非軍事化と民主化の二面性をもち、米ソ冷戦の開始は、日本の限定的な再武装を許容することになった。

また日本の工業化は朝鮮特需で、復活のきっかけを摑み、昭和三十一（一九五六）年には「もはや戦後ではない」という、経済白書の名文句を生んだ。

これ以降、日本は高度成長期に入り、六〇年安保、七〇年大学紛争という、政治的対立を生みながらも、東京オリンピック（一九六四年）から大阪万博（一九七〇年）にかけて、世界的にも類例のない成長と繁栄を謳歌することになる。

それは現代日本の昂揚期であったといえるかもしれない。『竜馬がゆく』『坂の上の雲』という二つの長篇小説で、明治維新と明治日本の昂揚期を描いた司馬遼太郎は、日本の国民文学ともいうべき作品を書くことで、国民的作家となった。司馬遼太郎は昭和国家の愚行を否定した戦後日本を、安土・桃山時代に比すべき、日本人のエネルギーの解放期と捉えていた。こうした、さわやかで明るい作品世界をもつ司馬遼太郎の世界はもっとも広範な読者層をもつ、日本の代表的作家に自然に押し上げられていった。

また、三島由紀夫の自衛隊での事件が起った一九七〇年十一月、『毎日新聞』の一面全部を使った司馬遼太郎の厚意的であるが批判的な事件への感想文は、それ以後司馬遼太郎を一種の警世家の位置につかせたのであった。このころから、司馬遼太郎は、文士というより国士になっていった。「この国のかたち」という『文藝春秋』に連載された短文集は、日本人の慣習行動様式を論じて、独特の憲法論、国家論でもあった。

この司馬遼太郎の影響力は、学界、論壇における梅棹忠夫の影響力と拮抗する。戦後日本は二人の関西人に、戦後日本の昂揚期の絶好のイデオローグを見出したのであった。

二人は相互に認めあっていたが、この二人が共にモンゴルに因縁があったことも、奇縁という他はない。司馬遼太郎は大阪外大の蒙古語専攻であり、最後の紀行文はモンゴルを主題とした『草原の記』であった。

梅棹忠夫のフィールドワークの第一歩は戦時下における蒙古研究であり、のち『モゴール族探検記』（岩波新書、一九五六年）というロングセラーとなった本を書いている。

二人の天才は戦後日本の昂揚期を象徴する。しかし、その昂揚期は去ったのであり、新たな灰色の地平が拡がってきている。その中でわれわれは確かな気力を維持しながら事態をはっきり見詰めなければならない。

『東西文明の交流』

昭和四十五（一九七〇）年、平凡社から護雅夫、佐口透氏などによる、全六巻の『東西文明の交流』が発刊された。それは梅棹忠夫の『文明の生態史観』のように、ジャーナリスティックな作品ではないが、今日の歴史学者たちの抑制された筆使いの中で、もっとも斬新な世界史像を呈出した画期的な講座であったように思う。

比較文学・比較文化は、戦後に東大駒場に成立し、成長した人文科学であるが、そのめざましい活躍にも劣らない。今日の歴史的自覚を背景とした歴史学者たちの世界史像の呈出に成功していると思う。

編者の護雅夫氏は第一巻の『漢とローマ』のはしがきで、日本の近代的な歴史意識に触れて、――世界史の研究、教育において、日本史・東洋史・西洋史という三分化が成立したのは明治末期のことである。当時としては、それはそれなりに意味のあることではあったけれども、このように分けてしまうと、日本・東洋・西洋というわくを越えた、民族・文化の移動・交渉と接触、融和と対立、さらには文化交流の結果生ずる変容などの諸問題が軽視され、とくに東洋史と西洋史とのあいだに大きな空白が生まれるのは当然である。今日、高等学校で教授されている「世界史」も、そっちょくにいって、その多くは、東洋の歴史と西洋のそれとを機械的にひとつにしたものにすぎず、うえに述べた世界史上の空白は依然残されたまま、というのが現状である。

と、現状の歴史意識への批判を述べた上で、この講座の目的を次のように語っている。
――『東西文明の交流』と題する本シリーズの第一の目的は、この空白を埋め、世界の歴史的発展、こしかたはるけき人類の進歩のあとを、東西両世界の交渉のなかにおいて追求しようという点にある。われわれがせまい意味での「文明の交流」だけでなく、民族の移動・交渉・対立などをも叙述したのはこのためである。

本シリーズは、つぎに、日本をもふくむアジアが世界史において果した役割を、東西両世界の交渉を中心として明らかにし、ひいては、アジア史を再評価・再構成することを意図している。

これは野心的な狙いであり、この構成は三〇年後の今日、二十一世紀においてますます深く強い意味をもってきている。試みに、全六巻の構成を述べておこう。

『東西文明の交流』(全六巻)

①漢とローマ　編集・護雅夫
②ペルシアと唐　編集・山田信夫
③イスラム帝国の遺産　編集・嶋田襄平
④モンゴル帝国と西洋　編集・佐口透

⑤西欧文明と東アジア　　編集・榎一雄
⑥日本と西洋　　編集・沼田次郎

編者の意図がかならずしも全巻の執筆者に貫徹しているとは限らないが、ともかく、こうした構想の呈示により、世界史はより豊かで、面白いドラマとして描くことができる。そして、モンゴル帝国やイスラム帝国を浮き立たせることで、これまでのヨーロッパ側からの歴史叙述を訂正し、ヨーロッパ的世界史ではなく、世界史のヨーロッパ像が正確に見えてくるし、また、前世代の宮崎市定が意図した、世界文明の発生地、中心地をエジプトやメソポタミアと考え、そこからヨーロッパを相対化し、アジアの姿を客観的に描くことが可能になる——という世界史像を継承し、発展させることになるように思う。

＊　＊

明治以来の日本人は大人も子供も、漢の武帝やJ・シーザーを頂点とするローマの皇帝を、さまざまな物語を通して記憶している。

また唐の長安の都や、アラビアのバグダッドの栄華も知っている。また、ジンギスカンやフビライ、ムハンマドとコーランの物語も知っている。

もう一度、あの想像力を回復すべきなのだろう。そのことが、二十一世紀、イスラム過激派のテロリズムを前にして、アメリカの覇権帝国の将来と命運を考えることになる。日本人の戦後の歴史意識は、可能性としてはそこまで伸びてきているのである。

上山春平『歴史と価値』

『東西文明の交流』の執筆陣は東大文学部東洋史の人々が中心ではあるが、大学を越えた多様な執筆陣に拡がっている。それは現代の旧世代の最先端を形成したものと考えてよいだろう。しかしまた、梅棹忠夫の周辺にあり、一方で早くから西田哲学の影響下にあり、他方、今西生態学の人々と親交があり、さらに戦後の反哲学の社会科学者たちとの論争的対話をつづけてきた哲学者上山春平の存在を逸することはできない。

上山春平は明治維新分析にはじまり、日本古代史『神々の体系』など、具体的な歴史の世界を検証しながら、同時に歴史哲学的命題を執拗に追究してきた。戦後日本では少数の哲学者のひとりである。

『歴史と価値』（岩波書店、一九七二年）は、多くの模索と論争を経たのちに、自分の立場を形成しつつある時期に書かれたものだけに、含蓄に富む名著である。全体は、第一部の「歴史と価値」と第二部の「哲学と社会科学」にわかれている。第一部では、選択の基準としての価値が、古代の古典哲学から、近代のカント、ヘーゲル、マルクスから、新カント派のリッケルト、マックス・ウェーバーまでの巨匠たちに、どのように位置づけられてきたかを静かに分析し、検討している。第二部では、哲学と社会科学を主題として、弁証法の問題、社会科学方法論、ヘーゲルの論理学と資本論の関係、カントのカテゴリー体系などを扱っている。

あとがきに「カテゴリーと価値と弁証法とのあいだには、きわめて密接なかかわりがあるような気がしてならない」と、論理学者としての直観的感想を洩らしていることは、興味深い。

上山春平の思索のあとは、戦後日本の反哲学的風潮のなかでの、孤独な戦いを物語っているが、上山春平はさらに、具体的な歴史叙述として、平成二（一九九〇）年には、角川書店から出た全七巻の『日本文明史』の監修者となり、自ら第一巻の「受容と創造の軌跡」を執筆している。

日本の歴史は、本来、外来文化を受容しながら、新しい創造に転化してゆくところに特徴があり、そして独自の能力があるように私も思う。戦中派世代の思想家が、具体的な日本の歴史をこうした形で捉えたことに、一種の感慨を催さないわけにいかない。

『日本は自らの来歴を語りうるか』

本来、現代の旧世代に属する私としては、新世代に属することは発言を控えるべきかもしれない。しかし、ながく対話の相手でもあった坂本多加雄君は多くの可能性を残しながら、五十二歳で早死にしてしまった。

そのすぐれた才幹と志向について、若干のことに触れておきたい。それは現代日本のもっとも正統的な歴史意識というより、歴史的自覚を物語っているからである。

坂本多加雄は東大法学部で、政治思想史を専攻し、福地桜痴、山路愛山、中江兆民、福沢諭吉、徳富蘇峰といった、明治初頭の在野史学の丹念な検証に始まり、『市場・道徳・秩序』(創文社、一九九一年)により、今日の社会思想、経済社会の根幹を論じた理論的探求を行い、近代日本、近代世界の歴史的理論的問題の枠組を構築した上で、『日本は自らの来歴を語りうるか』(筑摩書房、一九九四年)、『象徴天皇制度と日本の来歴』(都市出版、一九九五年)など日本人のアイデンティティを求めて、自らに設問する形で基本問題を提起した。この場合「来歴」という言葉は、アイデンティティに対応する日本語(単なる翻訳語ではない)と考えてよいであろう。

おそらく、新世代のなかでもっとも正統的な知識人、学者らしい学者は他に存在しなかったろう。その意味で、坂本多加雄は丸山真男の嫡子といってよい。その坂本は、丸山真男がそこからの自立を求めた国家学の再建の必要を痛感したのであった。それが戦後精神史の道行きであり、帰結であった。

その坂本多加雄は、晩年、教科書問題という高度に政治的・社会的な問題にコミットし、運動に参加することになった。私はそれには反対であったが、彼の情念が彼を駆り立てたのであろう。運動にコミットすることで受けたであろう社会的重圧が、彼のストレスを高めたのではないかと推測するが、坂本多加雄の資質と能力は、いつかは書斎に戻って、すぐれた歴史の通史を完成させたはずである。その無念の想いと共に、彼の霊に深く頭を下げたい。

＊　＊

『文明の生態史観』に始まって、それ以後の歴史意識の展開を瞥見してみた。梅棹忠夫が自然科学出身のクールさが身上であっただけに、重要な事実や問題に沈黙を守った事柄が多い。戦後日本の昂揚期は終り、失われた一〇年を挟んで、戦後日本の体制も、国際環境も、そして人類が置かれている条件自体も、大きく変ってきている。

将来の日本の着地点はどこなのか。戦後体制の確立と肥大化、豊かな社会の新しい病、そして覇権帝国アメリカの行方と日米関係、中国の台頭と日中関係のいずれもが、明確な構図を描いていない。

そしてまた、これまで日本の仮説として提出されてきた、さまざまな理論や思想が改めて再検証される時期にきている。それは単に戦後日本の問題だけに終らない。簡単にいえば、明治以降のさまざまな論議や構想との関連で論じられなければならない、さらには、古来の中国文明と日本の問題がクローズ・アップされてくるはずである。

内藤湖南への旅が、いつしか、戦前・戦中・戦後の歴史意識の変遷に重心が移動してきてしまった。私のような素人は、湖南の真骨頂の奥の院に詣でるよりも、今日につながる歴史意識の展開を辿ることで、湖南の位置がより明確になるならば、社会的意味はあるかもしれないと考えたためである。

全体の俯瞰図とその問題性については、次章に譲りたい。

11　ふたたび『支那論』に戻って
――中国はどこへゆくのか――

靖国問題と反日感情

内藤湖南という巨峰は、生涯をかけても登り切れない世界である。ただ執筆を通して、湖南の生涯と問題の輪廓はうっすらと解ってきた。これまで、小島祐馬先生の『中国の革命思想・附中国共産党』と国際ジャーナリスト松本重治氏の『上海時代』を頼りにして、現代中国の流れを観てきた私は、『内藤湖南全集』を繙《ひもと》くことで、視野が戦中・戦後から、戦前、もしくは近代日本、もしくは近代世界のなかで、中国への手触りを得たように思う。

「あらゆる歴史は現代からの歴史である」とするならば、湖南への旅を介して、私も今日の問題に帰る必要がある。

折から、中国では抗日・反日デモが荒れ狂い、そのスローガンは「日本の国連常任理事国入り反対」が含まれていた。私にはこうした事態は予測外の出来事であった。江沢民の中国が反日教育を徹底しているという情報は聞いていたが、胡錦濤政権下で、靖国問題に引っかけて、反日デモの暴動化という過激な形をとるとは思わなかった。

その上、「こうした事態の責任はあげて日本政府にある」という中国外相の発言は、唖然とするほかない。靖国問題はたしかに中国にとって不愉快な事柄かもしれない。しかし、それはノミナルな世界、シムボリックな領域のことであって、領海侵犯や領土問題のように実質的な問題ではない。面子《めんつ》を重んずる中国のこととはいえ、その反応は過剰である。私は靖国神社の宮司がいうように「A級戦犯は昭和の殉難者である」とは思わないし、東京裁判のようにA級戦犯にのみ戦争責任があるとも思わない。しかし、誤まった戦争であれ、国家存亡の危機に際して、戦死した人々を慰霊することは、どの国でも行われている儀礼であると思う。

共産国家時代のモスクワで、結婚式を挙げた若いカップルが〝無名戦士の墓〟に詣でる（どうも習慣が成立していたらしい）姿を見て、私は胸を衝かれて感動したことがある。

戦死者の慰霊は、本来、敵味方、国籍を越えたほうがよいと私は思う。その意味で靖国神社が祀る戦死者が、官軍だけだったり、職業軍人だけだったりする選択基準に問題があると思う。しかしこうした問題は日本国内で議論すべきことで、中国に指図されるいわれはない。日本国家と日本人は、戦後一貫して中国大陸、朝鮮半島での加害行為を反省し、平和な関係の維持を決意し、中国への経済支援を積み重ね、多くの留学生を受け入れてきた。今後も中国側のショービニスティックな姿勢に左右されることなく、日本側は成熟した国民として冷静な態度を採りつづけるだろう。

中国の国内事情

問題は中国の不安定な状況と中国政府の行方である。多くの情報通、有識者の判断は依然として見解がわかれ、中国の着地点への観測も明確な結論はない。

最近でも沿岸部の大都市で加熱気味の経済発展が伝えられながら、他方で、工場の爆発事故が頻発し、松花江が汚染して、隣国ロシアまで騒ぎ出して国際問題化し、中国の環境相が罷免された。

大陸の砂漠化が進行し、黄砂の被害が北京周辺に広がり、日本列島にも被害がでてきている。遷都まで囁かれている、と旅行者がいう。

最近、文藝春秋から発刊された『中国農民調査』という翻訳書は、中国本土で発禁になったという。筆者は陳桂棣、春桃という作家夫妻で、故郷の安徽省の農村に三年間住みこみ、五〇の県をまわり、徹底した調査の上でこの書物を書いた。

今日の中国農村は悪代官風なボスに支配され、中央の指示は届かず、重税と強権支配が続いているという告発の書である。書物は発禁にはなったが、海賊本や翻訳本が数十万部の単位で売れているという。それでも、天安門事件の時代とちがい、作家夫妻は自由を拘束されず、作家活動をつづけており、今後とも海外亡命は考えず、中国に住みつづけるという。

もちろん、反論もあるだろうし、一三億の人民を食べさせてゆくだけで容易なことではない。かつて高坂正堯教授は「一三億という数は統治可能なんでしょうかね」と思慮深い疑問を呈していたことを思い出す。

しかし、こうした農村の実態は共産中国の姿というより、支那古来の変らぬ農村社会の姿を思い起させる。そして、内藤湖南が中国社会認識の基礎として〝父老社会の存在〟を指摘していたことを思い出させる。父老社会とは、中国の郷党社会には、独特の老人支配があって、その長《おさ》は外交問題や愛国心には関心がなく、郷里の安全、家族の繁栄にだけ関心がある。それさえ満たされれば従順に統治者に従うという(『支那論の位置』)。

共産中国となっても、官僚と農民の間の隔絶はあったのだ。そしてその官僚が中央の指示に服していない。それは中国古来の分裂と割拠を想像させる。かつて毛時代の軍の有名な指導者葉剣英の息子が広東省の省長だったころ、広東省が北京の中央政府に税金を納めないということで問題になったことがある。息子は罷免されたが、中国の各地域が北京政府の威令に服しないという傾向は、古来からの傾向であり、共産中国になっても、何かの折にチラチラと見えてくる傾向である。それはあれだけの広大な地域と人口なのだから、半ば当然であり、だからこそ専制的な権力が必要とされるのであろう。

共産国中国の行方

国内社会の問題に加えて、中国には台湾、チベット、モンゴルといった少数民族や地域の問題がある。北京政府の台湾への強硬姿勢や軍事演習の強行などは、私には中国の強さよりは弱さを感じさせる。チベットのダライ・ラマへの信仰も崩れそうにない。北京政府は思い切って各地域・民族に大幅な自治権を認め、United Statesにしたほうが全体は安定するように思う。

台湾のように自由で豊かになった社会を、本当に〝武力解放〟することを考えているとしたら、それは双方にとって不幸という他はない。かつて日本のある商社の幹部は「我が社は台北に一〇人、北京に五〇人駐在員を置いていますが、台北のほうが商売になります」と笑っていた。北京治下の社会は、官僚支配と規則ずくめで、商売はしにくい。

こうした不自由さを脱却するには、共産体制を脱して多党制と言論の自由を制度的に保障する民主国家、民主体制となる他はない。しかし、こうした民主体制への移行は平和裡に可能なのだろうか。

ゴルバチョフのソ連は民主体制への移行を曲りなりに平和裡に実現し、共産党は自ら解散するという決定を下した。しかし、ベルリンの壁の崩壊から共産党解散まで、あるいはベルリンの壁崩壊以前に、さまざまなドラマや偶然が積み重なり、混乱や内乱の可能性はつねに存在していた。現にゴルバチョフは一時監禁され、クーデタの試みも実現はしなかったが存在した。

もはや世界に共産体制を維持しているのは極論すれば中国しか存在しない。キューバや北朝鮮は、奇妙で不思議な独裁体制であって、共産主義とはいえない。

かつて内藤湖南と親しかった中国史の同僚であった小島祐馬はよく湖南と時局談を交わしていたという。二人には共通した現状認識が多かったのだろう。

小島祐馬は中国の古代思想を専攻しながら、マルクス主義にも精通しており、河上肇とも親しく、河上肇は下獄したときに、一切の後事を小島に託したという仲であった。しかし、その小島祐馬は中国共産主義の将来にきびしく、毛沢東中国、共産中国が成立したころから徹底して批判的な立場を採り、「中国が世界共産主義運動の一環として発展するか、歴代王朝のような隆替を繰り返すかはいまだ予断の限りでない」と断言して、当時毛沢東中国礼賛の日本の若い知識人に警告したのであった。

＊　＊

今日となれば、世界共産主義運動なるものは存在しなくなった。しからば中国は歴代王朝と同じ運命を辿るのか、それが問題の中核である。社会主義市場経済という、鄧小平の経済開放体制は矛盾の爆発を回避し、当面の中国のエネルギーを引き出したが、もはや歴史の方向指示能力はない。そして後継者の江沢民や胡錦濤に官僚的有能さはあっても思想家の面影はない。中国はどこへ行くのか。胡錦濤自身、心許ない胸中を抑制しながら、一歩、一歩、舵をとっているのであろう。

内藤湖南と新中国

内藤湖南は昭和九（一九三四）年に死んでいる。だから満洲事変と満洲建国は見ていたが、日支事変や大東亜戦争を知らない。いわんや敗戦と戦後日本、あるいは日本軍降伏後、権力の空白事態を利用して、共産八路軍が国民党の軍隊を制圧して、共産中国が昭和二十四（一九四九）年に成立したことも知らない。

内藤湖南は『新支那論』（博文堂、大正十三／一九二四年）で、日中の正面衝突の可能性を指摘した。八年後にそれは現実となり、満洲事変と満洲建国まで事態は展開した。病床にあった湖南は、病躯を押して、満洲にわたり、日本の官僚の身勝手さに抵抗し、少しでも満人本位の国家体制をつくろうとしたという。湖南の活躍はそこで終っている。

＊　＊

こうした内藤湖南は戦後は一時戦犯扱いされ、日中両国で批判された。また、内藤湖南も津田左右吉も「五・四運動以後の新しい中国の動きを理解できなかった」（増淵龍夫）と評された。

たしかに、湖南は「中国には共産主義は根付かないだろう」もしくは「中国には共産革命は起らないだろう」とも観測していたという説もある。日本軍の降伏で生じた権力の真空のおかげで、中共軍の機敏な行動が国共内戦を制して、人民中国を成立させた。こうした大変貌を湖南も見抜けなかったことは事実であろう。しかし、「五・四運動から新中国まで」で歴史は終らない。

その新中国は、一九四九年に成立し、その直後、中ソ同盟条約を締結したが、やがてフルシチョフ時代の「スターリン批判」にはげしく反発して毛沢東は「人民内部の矛盾」を唱えて、中ソ対立の時代を迎え、やがて世界共産主義運動はバラバラになり、最後に「社会主義への道はひとつではない」（山川均）という言葉で終った。社会主義国家自体が解体し福祉国家までが破産して、二十世紀の理想は幻滅に変った――。

新中国自体も、一七年後には文化大革命が勃発し、実権派の天下となった大勢に抗して、毛沢東自身が奪権闘争で紅衛兵をつかって実権派を倒すという、世界でも類例のない過程を経て、毛沢東は死に、四人組は逮捕され、実権派鄧小平の再登場となった。強圧政治に疲れた中国社会で社会主義市場経済という経済改革を行い、経済的自由化で中国社会のエネルギーの解放を図った。

中国の私企業は新富裕階級、新中産階級を生んだが、中国の官僚制、国営企業は大きな重荷として残った。

こうした姿は古来の中国ときわめて似ている。内藤湖南他の古い支那学の巨匠たちの言葉や研究が、改めて復活してきているのである。人民中国もまた天国ではなく地上の国であった。

しかし、内藤史学の指摘や示唆はこれだけに終らない。内藤湖南は「中国を愛し、中国人と等しい眼で中国を見た」のであった。その点で注目すべきは、内藤湖南の〝宋近世説〟という独特の時代区分であり、宮崎市定によって継承発展させられた〝東洋的近世〟の思想である。

東洋的近世

――日本人も欧洲人も、おのおの自国の歴史を標準とするゆえ、支那史の発展を変則とみるが、それはかえって誤っており、支那文化の発展は、文化が真に順当にもっとも自然に発展したものであって、他の文化によって刺激され、他の文化に動かされて発達してきたものとは異なっている。

と『支那上古史』緒言に内藤湖南は述べている（礪波護氏編集の『東洋文化史』中公クラシックス）。この内藤湖南の説は、内藤史学の核心であり、湖南の信念の核心でもあろう。

ついで、中公クラシックスで次の章に収められている「概括的唐宋時代観」では湖南の時代区分である、宋以降を近世と見做す中世から近世への転換が簡潔に述べられている。

第一が、政治上では貴族政治が廃頽して君主独裁政治が起ったことである。これに関連して、支那の貴族は天子から人民・領土を与えられたものではなく、その家柄が自然に地方の名望家として永続した関係から生じたことを指摘し、これを郡望と称したと解説している。当時の政治は貴族全体の専有ともいうべきもので、貴族でなければ重い官職につくことができなかったが、第一流の貴族はかならず天子・宰相になるとは限らない、と微妙なニュアンスを伝えている。

また君主は臣民全体の代表となるべきはずのようであるが、支那にはかかる場合なかりしために、君主は臣民全体の代表者にあらずして、それ自身が絶対権力の主体となった、という考察を述べている。戦後になって、京大の竹内実氏が、毛沢東と周恩来を比較して、「皇帝型権力と宰相型権力」という表現を使って分析していたことがある。どうも人民中国になっても、歴史の中の不易、変らざるものがチラつくのである。

第二は、科挙の制度である。宋時代の王安石は唐時代の貴族中心を一変させ、経書を暗誦する力（帖括《じょうかつ》）を経義に、文章草案の力（詩賦）を策論に代え、人格主義から実務主義に転換し、明代には応募者は一万を超え、合格者は五〇名から数百人に達したという。

官吏の地位は一般庶民に分配されることとなり、機会均衡が実現したのである。

第三に、経済の面でも宋代には貨幣経済が拡大した。

第四に、学術では旧説墨守から自由な新説が主張されるようになり、文芸の詞も古語よりも俗語で自由に表現するようになった。

こうして、唐と宋の間で、文化生活のあらゆる面が変化したのである。

以上、湖南の宋近世説の要約である。宮崎市定は単なる湖南の後継者ではないが、宋近世説の湖南の時代区分は踏襲して、明確な〝東洋的近世論〟を展開した。ここではその詳細は省くが、西洋の古代・中世・近世に当るものが中国にも存在していたという点で、湖南説の継承である。

そしてこの湖南・市定説にしたがえば、そこから類推して、産業革命以後の近、現代への道を、中国もまた内在的な発展として成し遂げるだろうという見解が可能かもしれない。

もちろん、内藤湖南も宮崎市定も歴史家の分をわきまえていて、明確な予測を述べているわけではない。その点は哲学者よりも自己抑制的である。しかし、歴史家には史学を超えた史観、あるいは洞察力ともいうべき史眼があり、読者は様々な明察を学ぶことができる。

したがってこれからは一読者としての私の責任においての類推にすぎないのだが、中国の将来を占う上で、内藤・宮崎説にしたがえば、野暮ったく、田舎くさい形であれ、自らの内在的発展として中国は近代化するであろうし、国際社会の良識あるメンバーとなるであろう。

しかし、カール・A・ウィットフォーゲルや梅棹忠夫説を重視すれば、中国は専制か割拠から抜けられず、混乱や内乱の可能性は高いとみなければならない。そうなることは中国人だけでなく近隣諸国ひいては人類の不幸というべきだろう。

そして〝崛起《くっき》する中国〟がどうなるかは、これから一世代、三〇年以内にはほぼ着地点を見出せるのではないだろうか。われわれは冷静な態度と注意深い観察と共に歩んでゆかなければなるまい。

12　学問全体への問い
――支那目録学の世界――

目録学とは？

目録学という言葉は、聞き慣れない言葉なので、私もながい間、内藤湖南の支那目録学とはどのような学問だろうか、と自問を重ねていた。一種の分類学であろうこと、分類学であれば、生物学での動物・植物の分類学、あるいは系統図が思い浮かぶし、また新しい情報科学の分野で、図書館学の吉田政幸氏が一九九三年に書いた『分類学からの出発』（中公新書）などとも共通するものがあるかもしれない。吉田政幸氏の書物には「プラトンからコンピュータへ」という副題がついている。情報科学の分類学もとてつもなく面白いが、支那の目録学にもなにか現代につながる面白い発想が含まれているかもしれない――。

そんな予感の下で、今回、『内藤湖南全集』第一二巻の「支那目録学」を精読してみた。これもまた湖南自身の講義ノートはなく、大正十五年の講義を筆記した学生のノート数種を基礎に、湖南の用いたと思われる資料を参照して、長男の乾吉氏が戦後昭和二十四年に作成したものである。その際には印刷に附されることなく、全集刊行で初めて日の目をみている。

この講義は湖南の京大での最終講義であり、一一回にわたる特殊講義であった。おそらく京大を去るに当って、最後に湖南の学問の深奥にある〝秘法〟を熱心な少数の弟子たちに伝授したのではないか、と私には思われる――。

「支那目録学」という講義録は、『全集』では七〇頁くらいの文章である。文献を基礎とした史学や文学は、なんといっても書物が基礎であり、資料だから、書物の扱い方に習熟することがプロの資格といえる。内藤湖南はこの書物についての書痴であり、天才的プロであった。図書館に関係する人々はいずれも書物のプロであり、書物の目録をつくり、分類することが仕事である。

内藤湖南は生涯にわたって書物の収集家であり、自宅の書斎・書庫も国宝級の稀覯本《きこうぼん》に溢れていた。そしてまた収集家の経験と勘でどこにどのような蔵書があるか、文庫・図書館などの地図が、日本・中国にわたって脳裏に出来上っていたと思われる。さらに湖南の偉大さは、中国の書物の収集と分類、目録の作成について、その生成過程を全体として摑んでいたことである。

「支那目録学」の講義は、こうした湖南の驚くべき博覧強記を目の当りに語ったものだが、ここでは、そのエッセンスをできるだけ簡潔に述べておこう。

＊　＊

支那の最古の目録学は『漢書』の「芸文志《げいもんし》」であるという。これは後漢の班固とその妹曹大家《そうたいこ》が西暦紀元一世紀末に完成したものといわれる。しかし「芸文志」の大部分は劉歆《りゅうきん》の『七略』によって書いたという。その『七略』は劉歆だけではなくその父劉向《りゅうきょう》が着手したという。そのころの学問は多く家学であって、劉向の家は漢の宗室《そうしつ》の家柄で、全体が学問をした家であったという。先祖は楚の元王で漢の高祖の弟であった。

目録学は単なる帳面づけではない。その本旨は著述の流別に在りとされている。戦国時代、支那の学問が起ったころは、学問は大体哲学的で各人の主張する理論を専らとした。したがって学問の区別を考えるのにも、その主義・理論を主とした。しかるに劉向・劉歆に至って、すべての学問、すべての著述を単にその学派、その著述のもつ主義・理論の上から考えるに止めずに、その学問の由来を考えるようになった。学問を歴史的に考えるようになったのである。

＊　＊

ここで劉向・劉歆の分類と系譜の詳細は省き、司馬遷の史学との対比と位置づけを湖南がどう考えていたかを述べておこう。

――この漢代までの支那の学問を総括して考へたものに、二通りの種類がある。一は司馬遷の史記で、一は二劉の学である。司馬遷の場合は各々の職務、各々の流儀の学で持ち伝えている事柄は史記には書かず、その伝来して来た書籍を調べるについて、歴史・伝記の必要があるので、その部分を書いた。単に本の由来を知るためのみではなく、あらゆる学問の中で、最も総括的な最大の学問は史学であって、史学は世の中を経綸する学問であり、史学が古来から漢代までの学問の関係を知る学問であるとし、この根本の古今一貫した学問を知れば、当時世に残っている書籍はそれによって総括せられ、色々の本はあっても、その全体に関係があり、世の中の経綸に役立つといふ考へで史記を書いたのである。

（『全集』第一二巻、三八六頁）

このように司馬遷の仕事を位置づけ、それに対して劉向・劉歆の二劉はこれと異なり、司馬遷が『史記』に載せないで、そのままにして世間に残しておいたその方を全体に総括したのである、と位置づけ、

——これは一書毎に解題を作り、その由来・主張・得失を一一の本について書き、之を子目ごとに一纏めにし、更にそれを一纏めにして六略の各部類とし、全体を六略とし、その六略の上に輯略を作って全体を総論した。即ち各々の本の部分的方面より見て行き、最後に総括されたところで、人間の思想・技術が古来如何に動いたかを見たのである。

と断言し、二劉の仕事を位置づけている。

——かくて司馬遷と二劉との考へは大分異る点がある。（中略）二劉より見れば、史記は春秋を継いで作った本で、六芸略に入るべき一書に過ぎぬ。司馬遷から云へば、二劉のしたことは枝葉のこととなり、二劉よりすれば、枝葉の全体を総括するのが学問であり、史記もその一部分といふことになる。

——司馬遷が史学を創立したのは、過去の事実を総括したのみではなく、将来の学問を暗

示したものであるが、二劉は過去の学問を総括することを以て学問とした。しかしともかく、この二書は、漢代の最大の学術的収穫で、これだけで支那の学術は尽きてゐると云ってもよい。

＊　＊

この湖南の発言は重大である。漢代という紀元一世紀前に支那の学術の頂点《ピーク》があり、それ以後は、司馬遷や劉向・劉歆の域に達していないというのである。〝学術の進歩〟という西欧風の発想からいえば、中国史は最初に頂点があってあとの時代はむしろ下降していると考えている。

したがって「支那目録学」の講義は、そのあと歴代の王朝での目録学について述べているが、湖南の情熱を感ずるのは最後の清朝時代での支那目録学を大成したと目される章学誠の事績であろう。

——ともかく目録学をこの人の学問の流儀として、歴史的に根本から学問として組立てることを考へた。支那風の目録学は彼に至って大成した。

（『全集』第一二巻、四三六頁）

＊　＊

こうした、内藤湖南の認識した支那文化の根本的性格は、さまざまのことを現代人に語りかける。

第一は、西暦紀元一世紀の段階で、人類史上他に類例をみない高度な世俗的文化を樹立していたことである。それはインドの形而上学的文化とも異なり、キリスト教（ヘブライズム）の一神教文化とも異なる。さらに、ギリシア・ローマのヘレニズムとは同じく世俗的であるが、ヘレニズム文化の、叙事詩から哲学まで、法律から都市計画までの絢爛たる性格と比べて、漢の文化は、歴史の重視という点で際立っている。諸子百家の多様性のあとに、司馬遷と劉向・劉歆の目録学を最終的な形態と考える独自な性格をもっている。歴史認識で他には見られない特色である。

しかし、第二に、漢時代に頂点に達してしまった歴史認識が、その後、歴代王朝のなかで、停滞と頽廃を繰り返し、清朝に至って目録学が大成するといった経過は、歴代王朝そのものの停滞的性格をも語っており、反復の空しさをも感じさせる。

ともかく支那は偉大な精神の高みに達した文化であり、その高みは支那人自身も、他の諸民族もなかなか越えられない性格のものである。

＊　＊

しかし、こうした捉え方は内藤湖南独自のものであり、古来、中国の歴史と文化に親しんできた日本人のなかでも、独特のものだろう。日本人は儒教・道教を中心に、支那の古典的思想・哲学にながく親しんできたし、また唐の時代の李白・杜甫を中心とした詩人たちをこよなく愛してきた。支那の学術が歴史的意味・由来を重んじたからといって、湖南のように司馬遷や二劉の史学を最上位に置く発想が多数派を占めるとは思えない。また中国自体では、近代以降、どのような価値体系が支配的なのか、私は知らない。

ただ、学問の全体を問い、ものごとの歴史的意味・由来を考える精神は、人類にとっても貴重である。日本では支那のような目録学という発想は生れなかったが、司馬遷への愛好は、古来から今日の司馬遼太郎まである。科学が専門化、細分化を辿る傾向があるとき、改めて学問の全体を問うことが要請される。それなくしてバランスある感覚は生れないし、豊かな教養も生れない。司馬遷と目録学という、気の遠くなるような世界が、今日の我々に切実に問いかけている問題が存在しているのである。

現代史学とその批判

私は西田幾多郎周辺の若い世代が歴史哲学および世界史に関心を集中させたことは、それなりに理由のあることであり、その成果は二十一世紀の今日でも価値ある仕事だったと考えている。とくに鈴木成高の『ランケと世界史学』に始まる一連の著作は、ランケ、ブルクハルト、ホイジンガ、マイネッケ、ベルジャーエフ、ドーソン、モーゲンソーの著作の紹介を含めて、きわめて高度の史学の遺産であったと思う。

しかし、最近になって、偶然のことから、松本重治氏が「近衛さんが日独伊三国同盟に踏み切ったのは、鈴木成高の『大英帝国の没落』を読んだせいだ」とモノローグ風につぶやいていたというエピソードを聞いた。

この「大英帝国の没落」という論攷は『歴史的国家の理念』（弘文堂、昭和十六／一九四一年）に収録されていて、私も終戦直後に読んでいる。内容は堂々たるもので何ら時局便乗的なところはない。十九世紀に世界にまたがる大帝国を築き上げた英国も、第二次大戦以降、徐々に撤退し、実際に大英帝国は没落したのである。

しかし、歴史家の叙述と政治的世界の課題とは大きな距離がある。近衛の新しもの好きを語る一例であろうが、近衛公と歴史家の不幸な出会いという他はない。鈴木成高氏の側に非難されるべきものはないと思うが、ただ知識人の発言としては不用意だったかもしれない。若い鈴木成高氏の文章は魅力的であり、読者を酔わせる要素を含んでいた。

＊　＊

このエピソードから、記憶の底に沈んでいた、二つのエピソードを思い出したのである。それは鈴木成高が『ランケと世界史学』を発表したとき、その名声サクサクたる中で、二人の同時代人が批判と反撥の文章を書いていることである。

ひとつは武田泰淳の『司馬遷』の中の文章である。当時、時流を横目で見ながら司馬遷の世界に沈潜していた武田泰淳にとって、流行の同時代史家の文章のファッショナブルな側面が鼻についたのであろう。

「後記」の一節に次のような言葉がある。

――「史記」研究には東洋史学者、漢学者、または他の何学者が適するや、以上を以っては判じ難い。ただ論理的説明には、歴史哲学に関係ある学者が適すると思われる。高坂正顕「支那人の歴史観」(「東亜人文学報」第一巻第四号)はその新しき試みである。高坂氏はこの論文で、司馬遷、司馬光両歴史家の態度を、西洋史家の態度と比較しつつ、歴史哲学風に説明しているが、説明にとどまって、まだ試論の域を出でぬ。高坂氏、西谷氏、鈴木氏等、京都派世界史的見地の主張者が、今後支那史学をどの程度に料理するや、いささか興味ある問題である。鈴木氏がとりあげたランケの世界史学と、司馬遷の史学と、どちらが世界的か、この際一考を要するのではないか。

この文章には〝京都派世界史的見地の主張者〟に対する根本的否定があるわけではない。日本のさまざまな史学者のなかで、相対的に優れていることを認めながら、司馬遷の凄絶《せいぜつ》な『史記』の世界と比較するとき、西洋史学のある平板さをアイロニーをこめて揶揄《やゆ》しているように見える。

ここには、旧来の漢学に飽きたらず、京都支那学にも距離を感ずる、東京の東大支那文学科の少数の青年たちが、現代文学の研究として中国文学を研究していた、いわば東京という雑踏のなかで模索していた、孤独な文学青年たちの居直りとうめき声があったように思われる。そうした営みのなかから、武田泰淳の『司馬遷』や、竹内好の『魯迅』が生れたのであろう。

いまとなれば、戦争を誘導しようとした京都学派の青年たちも〝戦後民主主義〟を意味あらしめようとした竹内好や武田泰淳も、時流のなかで挫折したことは同様であった。しかし、戦時下に居直った武田泰淳の方が京都学派の人々より、司馬遷という古典に拠っただけに強靭であった。そのときどきの時流に近づく知識人はつねにそうした時流の空しさに翻弄されてゆくのである。

＊　＊

鈴木成高の『ランケと世界史学』は今日に生きる名著であるが、発刊当時から評判の著作だったのだろう。世評に反撥したのか、武田泰淳の他に、もう一人、否定的見解を語った人物がいる。それは生態学の今西錦司である。ちょっと意外の感に打たれるが、同じ弘文堂の教養文庫から『生物の世界』を公刊しており、おのずから、『ランケと世界史学』にも目を通したのであろう。

今西錦司は、『ランケと世界史学』に書斎派の学問の観念性を嗅ぎとったのだろう。もうひとつ実感が湧かない旨を、手紙に書いている。いまになれば解ることだが、今西錦司は生物の生態を観察し、植物、魚（イワナとヤマメ）、サル、そして人間と、ひとつひとつ生態観察を重ねて、最後に人間に至った。後世、「行為的直観の生態学」と称せられるようになった（中村桂子）ように、西田幾多郎の哲学の影響を受けていることは早くから指摘されていたが、今西錦司は生物の棲《す》み分け理論で、ダーウィンの適者生存説に対立し、拮抗する生物学の体系を樹立した。

その意味では鈴木成高とも、むしろ近い関係にあった存在だが、相互の批評意識は微妙なものである。

私がここでいいたいことは、昭和十（一九三〇）年代、先端をいった流行思想の『ランケの世界史学』に反撥した存在が、ひとりは司馬遷に拠り（武田泰淳）、ひとりが生物学、生態学の体系の樹立を目指していた（今西錦司）ことである。

＊　＊

内藤湖南が支那古代、漢の時代、西暦紀元前後に樹立された支那の歴史学の頂点が、司馬遷の『史記』と、劉向・劉歆の目録学であったと結論づけたことは、二十世紀に進行している思想の営みとその批評にもつながっているということである。目録学という学問の総体を問う学問は、分類学を通して生物学・生態学の総体を問う学問とつながっているように思う。

内藤湖南が修得し、体得した学問は、近代科学の専門化・細分化の対極にある全体を志向する学問態度であった。だからこそ時代批判の根拠たりえたのである。
「支那目録学」の巻を読んでの私の結論は以上のようなものである。

以上、一二章にわたる執筆を、一応ここで終りにしようと思う。学べば学ぶほど、湖南という存在は巨大である。六年、考えながら書きつづけてみて、いまだに五合目ほどにも達していない。麓の周囲を巡っていただけの感もある。
内藤湖南への問いは、私の生きている限り、続けてゆきたいと思う。頂上に登るためには新たな装備が必要なように思う。

結

中国にどう対するべきか

内藤湖南のことを『東北学』に連載(『別冊 東北学』vol. 3〜8、『季刊 東北学』第二〜七号、二〇〇二年一月〜二〇〇六年五月)してからずいぶん歳月が経ってしまった。昭和九(一九三四)年に亡くなった湖南という存在を通して、現在の中国を考える作業はなかなか難しい。宮崎市定、梅棹忠夫といった人々のことを書いたのは、一見、まったく別なように見える両者が意外な形でつながっていると考えたからである。同時に、この連載を〝北京オリンピック〟(二〇〇八年)で打ち切ることを思いついた。それは中国の姿が見えてきたからで、我々の世代としては、北京オリンピック辺りで一応の結論を出すより他に方法はないような気がしたからである。

北京オリンピックでは、聖火リレーが世界の各地でチベットの独立運動家らに妨害行為を受けた。北京オリンピックの主催者はこの妨害に対して五〇人近くのガードマンを組織し、聖火リレー走者をガードして走り続けた。世界中が呆気に取られているうちに、聖火リレーは無事目的を達成した――。

このことは、今後中国にどんな反乱が起ろうと当局は断固として取締りをやめないだろうということ、しかし、矛盾を抱えた中国社会はどのような結果になるのか、結論は出しにくいということである。北京オリンピックのあと、尖閣列島での中国漁船の日本海上保安庁の船への激突という事件が起った。日中関係では今日、やっと自由にモノがいえるようになった。戦後、日中友好が日本の旗印だったが、こちらが友好でも向う側は自分の原則を立ててくることを、やっと国民レベルで了解したように思う。こうした中国とどう対するかが、今日の日本の主題であろう。

中国が鄧小平時代、〝社会主義市場経済〟を称えたことは、ひとびとが考える以上に大きい意味をもつ。これまでの共産主義の目標がなくなった。時間が止まってしまったのである。社会主義市場経済は資本主義への抜け道をつくった社会主義だ。だから、中国は次第にミャンマーと似た軍事独裁に近づくだろう。

そして単純な独裁国は、いつか破綻する。中国は一億人のホームレスを抱えている。天安門事件で生れた反体制知識人もノーベル賞をもらって健在だ。日本人は、中国の前途を注意深く見守ったらよい。

中国の統治階級が賢明な人々なら、強圧だけでなく、いろいろ工夫するだろう。日本は〝ふつうの国〟ではないのだから国際世論を味方につけるべきだ。国際世論は不十分だが、戦前よりはるかに強靭になっている。軍事力や経済力も無視できないが、その力も国際世論を無視できない。アメリカも、ロシアも、中国も、時間が経てば国際世論にしたがっている。国際社会は主権国家を越えて、強くなってゆくことだろう。あいまいで不十分な性格のものだが、今後の地球は国際世論を抜きにして存立できない。

日本は世論形成にもっと積極的になるべきだ。日本はその資格をもっているのだから。中国やロシアはアナクロニズムの強国だ。日本は同じ発想に立つべきではない。

小島祐馬先生の中国観

戦後、私が世間の中国論に同調できなかったのは、小島祐馬の『中国の革命思想』という一冊の小冊子のためである。最初はアテネ新書（一九五〇年）として刊行された。鈴木成高氏が小島先生の口述を記録したものだというが、名文である。中国の古来からの革命思想を辿ったもので、私などには孫文の分析が面白かった。しかし、一方忘れがたいのは、

——中国が世界共産主義運動の一環として発展するか、歴代王朝のように交替をくり返すか、予断の限りではない。

と、鋭い語調で述べた点である。私はハッとして、それ以来、つねに小島祐馬の影が離れなかった。小島祐馬は内藤湖南の同僚であり、二人は時事談義を楽しそうに語り合っていたという。また小島祐馬は河上肇の親友で、河上が下獄する際は後事を一切託されたという。うらやましい人間関係である。

その小島は中国の古代政治思想を専攻したが、中国共産党の生成、マルクス主義にも精通していた。

――中国はこれからどうなるのでしょう。

萩原延壽氏とともに小島先生を訪ねた私は、愚直な質問をした。

小島先生は黙ったまま答えなかった。

――毛沢東の文章をどう思われますか。

三高校長にかつぎ出そうとしたことのある萩原延壽氏は巧みに誘導尋問を出した。

――古来、革命家の文章などというものは、本人のものかどうかわからない。たとえばアメリカのワシントンの文章といわれていたものも、ゴーストライターのものだった。

私はたとえばの次に飛び出したワシントンの事例に驚嘆して絶句してしまった。

小島先生は噂の通り畠に出て、畑仕事されていた。われわれが突然伺ったので、慌てて戻ってこられたのである。最初、高知新聞の平尾道雄氏に案内を乞うたのだが、平尾さんは「あんな偉い人の前には出られない」と先輩の中島という老人を我々に紹介した。中島さんは小島先生と古典の輪読会を開いているとのことであった。萩原さんが〝馬場辰猪〟のことを書きたいと告げると、小島先生は即座に書庫から初版本を取り出してきた。萩原氏が『中央公論』の連載を始めて、小島先生にもお贈りすると、はがきに毛筆の御礼状がきて、引用した漢文の返り点が一ヵ所まちがっていると指摘してきた。萩原氏からそのはがきを見せられた私は、その緻密さに言葉もなかった。

小島さんは文学部長として用心深く、軍部や文部省に対しても、自説を曲げなかった。戦後は三高や京大の総長にという周囲の声を断わり、サッサと郷里に引き揚げ、年老いた父に代って百姓となった。みごとな出処進退というべきだろう。女婿の鈴木成高氏が、『中央公論』誌上での座談会「世界史的立場と日本」(一九四二～四三年)に出席したことを、岳父の小島先生は「ナント軽率なことを!」ときつく叱ったという。

内藤湖南は甦る

小島先生のような存在は怖い。その言動は異論を圧倒する力をもっている。「中国共産党が世界共産主義運動の一環として発展する」ことはもはや歴史が否定してしまっている。そして「歴代王朝のような交替をくり返すのか」という設問には依然として簡単に返事は出てこない。中国の工業化による離陸はホンモノなのか。富の分配は公平なのか。いずれも答えるのは難しい。われわれの世代では、六一年前の中華人民共和国成立のあと、文化大革命、社会主義市場経済、そして天安門事件の強圧、と中国の変貌を見てきた。いずれも知識人と民衆は悲惨であり、共産党幹部周辺だけが特権化している。こうした経済と社会は安定した秩序とはいいがたいだろう。

ただ、幸いなことは、尖閣列島問題がおこって以降、日本のメディアは多様化し、自由に議論ができるようになった。日中友好を日本が称えても、向うは中日友好を称えない。尖閣列島や黄海での中国の行動は、中国の領土国家、軍事国家への先祖返りにしか思えない。

内藤湖南は昭和九年に死んだが、在世中、中国の父権社会では共産党は伸びないだろう、と予測していた。父権社会では自分たちの小さな共同体が無事なら天下のことは時の権力者の言いなりだという。湖南のように中国に精通した碩学も、その限りでは予測をまちがえた。中国共産党は第二次世界大戦での日本の敗北という真空状態を巧みに利用して、国民政府軍に勝って人民中国政府を樹立してしまった。

しかし、人民中国成立後の過程を考えると、湖南の仮説が全面的にまちがっていたとはいい切れないように思う。人民中国政府が成立後に、湖南のいう父権社会が復活しているようにも見える。中国内部でも一時は内藤湖南を戦犯扱いしていたが、学界が正常化するにつれ、湖南もまた名誉回復してきたように見える。それは孔子・孟子などの古典と同様だろう。人間は古典の読み方をまちがえてはいけない。読み方によって、古典はつねに甦る。

結論を急がず、先人の言葉、碩学の言葉、古典の言葉を忘れず、注意深く現実の社会、歴史の流れを眺めるとき、自然に事態は見えてくる。それはその人間の技《わざ》であり習練のように思う。

平凡のようだが、湖南という巨人とその周辺を巡礼しての結論は、そうした地味で単純・簡明なもののような気がする。

北京オリンピックは、中国のウラ社会を垣間見させた。それは党中枢の強権的性格であり、周辺民族の不服従である。それだけではなく、生産された富は党幹部周辺の富裕化であって、国民全体につながっていない。貧困化した地方や社会はつねに不満分子を抱えて反乱は日常化してしまった。一三億の中国の統治は誰がやっても難しいのである。われわれは静かに見守るしかない。

内藤湖南略年譜(1866-1934)

年号	年齢	内藤湖南関連事項	歴史事項
一八六六（慶応2）	0歳	8月17日、内藤調一（号・十湾）の次男として毛馬内（現・秋田県鹿角市十和田毛馬内）に生まれる。	（一八六八）明治維新
一八七〇（明治3）	4歳	父から『二十四孝』『四書』の素読を学ぶ。	
一八七四（明治7）	8歳	尾去沢又新学校に入学。校長大森武七、担任越津直治。	
一八八一（明治14）	15歳	明治天皇、東北巡幸に奉迎文（漢文）を奉る。元山小学校教員手伝となる。	（一八七七）西南戦争
一八八三（明治16）	17歳	秋田師範学校中等師範科に入学。10月、高等師範科に編入。	
一八八五（明治18）	19歳	秋田師範学校高等師範科を卒業。北秋田郡綴子小学校首席訓導となり校長の職務を行う。	
一八八七（明治20）	21歳	綴子小学校を退職して両親に無断で上京、『明教新誌』（大内青巒主宰）の記者となる。	（一八八九）大日本帝国憲法発布
一八九〇（明治23）	24歳	『三河新聞』主筆を経て、『日本人』（東京政教社）記者となる。	

一八九三（明治26）	27歳	政教社を辞め大阪朝日客員（実は主筆）・高橋健三の秘書となり、論説を執筆する。	（一八九四）日清戦争勃発。翌年下関条約により講和、台湾を日本に割譲
一八九四（明治27）	28歳	大阪朝日新聞社の記者となる。	
一八九六（明治29）	30歳	田口多作長女いく（のち郁子）と結婚。松隈内閣書記官長となった高橋健三をたすけ、「新内閣の政治の方針」を執筆。『大阪朝日』退社。	
一八九七（明治30）	31歳	『台湾日報』主筆として台北赴任。	
一八九八（明治31）	32歳	台湾より東京に戻り、『万朝報』論説記者に。	
一八九九（明治32）	33歳	初めて中国視察、厳復、方若、文廷式らに面会。敦煌文書を初めて見る。	
一九〇〇（明治33）	34歳	『万朝報』を退社し、『大阪朝日』に再入社。	
一九〇二（明治35）	36歳	『大阪朝日』より派遣され満洲視察。	（一九〇四）日露戦争勃発。翌年ポーツマス条約により講和
一九〇五（明治38）	39歳	外務省より満洲軍占領地行政調査を命じられる。	
一九〇六（明治39）	40歳	『大阪朝日』退社、大里武八郎を伴い、奉天で学術資料の調査。京都帝国大学文科大学長・狩野亨吉に要請され京都帝大教授就任を承諾。	（一九〇六）南満洲鉄道株式会社（満鉄）設立

一九〇七（明治40）	41歳	京都帝大文科大学史学科開設、講師に招かれ、東洋史学講座を担任。	
一九〇八（明治41）	42歳	父十湾、死去。	
一九〇九（明治42）	43歳	京都帝大文科大学教授に就任、東洋史学第一講座を担任。	
一九一〇（明治43）	44歳	小川琢治・狩野直喜・富岡健三・濱田耕作らと北京に派遣され調査。京都帝大総長の推薦で文学博士となる。	（一九一〇）韓国併合 （一九一一）大逆事件。辛亥革命
一九一二（明治45）	46歳	史料収集のため奉天に出張、『満文老檔』『五体清文鑑』を撮影、四庫全書の貴重な書籍を書き写す。	（一九一二）中華民国成立
一九一三（大正2）	47歳	朝鮮旅行、高句麗古墳を見る。	（一九一四）第一次世界大戦勃発
一九一七（大正6）	51歳	中国各地を巡遊。	（一九一七）ロシア革命
一九一八（大正7）	52歳	満洲に出張、張作霖に面会し、奉天宮殿を一覧する。	（一九一八）第一次世界大戦終結
一九二四（大正13）	58歳	ヨーロッパの学術調査に出張（長男乾吉、石濱純太郎が同行）。	（一九二三）関東大震災
一九二五（大正14）	59歳	宮内省、図書寮東山文庫を調査。東方文化総委員会（北京）の委員、および朝鮮史編修会顧問となる。	（一九二五）普通選挙法、治安維持法発布
一九二六（大正15）	60歳	学士院会員となる。京都帝大を停年退職。	

一九二七（昭和2）	61歳	京都帝大名誉教授に推され、京都府相楽郡瓶原村の恭仁山荘に移る。	（一九二八）張作霖爆殺事件
一九二九（昭和4）	63歳	東方文化学院京都研究所開設、評議員となる。国宝保存会委員となる。	（一九二九）世界恐慌
一九三一（昭和6）	65歳	御講書始に唐の宰相杜佑の『通典』を進講。	（一九三一）満州事変
一九三三（昭和8）	67歳	日満文化協会設立のため、病をおして満洲に渡る。溥儀らと会見。	（一九三二）満州国建国。五・一五事件
一九三四（昭和9）	68歳	6月26日、恭仁山荘にて死去（法名・文昭院静処湖南居士）。京都鹿ヶ谷法然院に埋葬。遺髪は故郷の仁叟寺に葬る。	

＊内藤湖南（礪波護編）『東洋文化史』（中公クラシックス、二〇〇四年）巻末年譜、および鹿角市先人顕彰館編・発行『鹿角の偉人　和井内貞行／内藤湖南』（一九九三年）巻末年表より作成。

著作一覧

『近世文学史論』東華堂、1897 年
『諸葛武侯』東華堂、1897 年
『涙珠唾珠』東華堂、1897 年
『燕山楚水』博文館、1900 年
『満洲写真帖』東陽堂、1908 年
『清朝衰亡論』弘道館、1912 年
『支那論』文会堂、1914 年
『清朝書画譜』博文堂、1916 年
『宝左盦文』(漢文) 私家版、1923 年
『日本文化史研究』弘文堂、1924 年
『新支那論』博文堂、1924 年
『航欧集』(漢文) 私家版、1926 年
『玉石雑陳』(漢文) 私家版、1928 年
『研幾小録——一名支那学叢考』弘文堂、1928 年
『読史叢録』弘文堂、1929 年
『増訂　日本文化史研究』弘文堂、1930 年
『新制中等東洋史』(甲・乙二種) 金港堂、1931 年
『新制　漢文入門』金港堂、1931 年
『中等漢文』(全 5 冊) 金港堂、1931 年
『中学漢文』(全 5 冊) 金港堂、1932 年
『増補　満洲写真帖』小林写真製版所出版部、1935 年
『東洋文化史研究』弘文堂、1936 年
『支那絵画史』弘文堂、1938 年
『清朝史通論』弘文堂、1944 年
『支那上古史』弘文堂、1944 年
『先哲の学問』弘文堂、1946 年
『中国近世史』弘文堂、1947 年
『中国中古の文化』弘文堂、1947 年
『目睹書譚』弘文堂、1948 年
『支那史学史』弘文堂、1949 年
『内藤湖南全集』全 14 巻、筑摩書房、1969-1976 年

わ　行

や 行

ら 行

ま　行

な　行

は　行

た行

さ　行

か　行

人名索引

本文に現れる人名を拾い、姓→名の五十
音順で配列した。

あ 行

〈初出〉

本書の各章は、『別冊 東北学』vol.3〜8（作品社、二〇〇二年一月〜二〇〇四年八月）、『季刊 東北学』第二〜七号（柏書房、二〇〇五年二月〜二〇〇六年五月）、および『環』第44号（藤原書店、二〇一一年一月）に掲載されたものである。「はしがき」は本書のための書き下ろし。

著者紹介

粕谷一希（かすや・かずき）

1930年東京生まれ。東京大学法学部卒業。1955年，中央公論社に入社，1967年より『中央公論』編集長を務める。1978年，中央公論退社。1986年，東京都文化振興会発行の季刊誌『東京人』創刊とともに，編集長に就任。他に『外交フォーラム』創刊など。1987年，都市出版（株）設立，代表取締役社長となる。現在，評論家。

著書に『河合栄治郎——闘う自由主義者とその系譜』（日本経済新聞社出版局），『二十歳にして心朽ちたり——遠藤麟一朗と「世代」の人々』（新潮社），『面白きこともなき世を面白く——高杉晋作遊記』（新潮社），『鎮魂　吉田満とその時代』（文春新書），『編集とは何か』（共著，藤原書店）『反時代的思索者——唐木順三とその周辺』『戦後思潮——知識人たちの肖像』（ともに藤原書店），『作家が死ぬと時代が変わる』（日本経済新聞社），『中央公論社と私』（文藝春秋）など。

内藤湖南《ないとうこなん》への旅《たび》

2011年10月30日　初版第1刷発行©

著　者　粕谷一希

発行者　藤原良雄

発行所　株式会社　藤原書店

〒162-0041　東京都新宿区早稲田鶴巻町523
電　話　03（5272）0301
FAX　03（5272）0450
振　替　00160-4-17013
info@fujiwara-shoten.co.jp

印刷・製本　中央精版印刷

落丁本・乱丁本はお取替えいたします
定価はカバーに表示してあります

Printed in Japan
ISBN978-4-89434-825-7

本ぎらいのあなたに贈る

ペナック先生の愉快な読書法

〈読者の権利10ヵ条〉

D・ペナック

浜名優美・木村宣子・浜名エレーヌ訳

フランスのベストセラー作家による、ありそうでなかった読書術！　ユーモアたっぷりに書かれた、本ぎらいに優しく語りかける魔法の本。

四六並製　二一六頁　一六〇〇円

（一九九三年三月刊／二〇〇六年一〇月刊）

◇978-4-89434-541-6

COMME UN ROMAN　Daniel PENNAC

著者渾身の昭和論

昭和とは何であったか

〈反哲学的読書論〉

子安宣邦

小説は歴史をどう語るか。昭和日本の中国体験とは何であったか。死の哲学とは何か。沖縄問題とは何か。これまで〝死角〟となってきた革新的な問い。時代の刻印を受けた書物を通じて「昭和日本」という時空に迫る。

四六上製　三二八頁　三二〇〇円

（二〇〇八年七月刊）

◇978-4-89434-639-0

編集者はいかなる存在か？

編集とは何か

粕谷一希／寺田博／松居直／鷲尾賢也

〝手仕事〟としての「編集」。〝家業〟としての「出版」。各ジャンルで長年の現場経験を積んできた名編集者たちが、今日の出版・編集をめぐる〝危機〟を前に、次世代に向けて語り尽くす、「編集」の原点と「出版」の未来。

第Ⅰ部　編集とは何か
第Ⅱ部　私の編集者生活
第Ⅲ部　編集の危機とその打開策

四六上製　二四〇頁　二二〇〇円

（二〇〇四年一一月刊）

◇978-4-89434-423-5

人類の知の記録をいかに継承するか

別冊『環』⑮ 図書館・アーカイブズとは何か

〈鼎談〉粕谷一希＋菊池光興＋長尾真
（司会）春山明哲・高山正也

Ⅰ　**図書館・アーカイブズとは何か**
高山正也／根本彰／大濱徹也／伊藤隆／石井米雄／山﨑久道／杉本重雄／山下貞麿／扇谷勉

Ⅱ　**「知の装置」の現在――法と政策**
南学／柳与志夫／肥田美代子／山本順一／小林正／竹内比呂也／田村俊作／岡本真

Ⅲ　**歴史の中の書物と資料と人物と**
春山明哲／高梨章／和田敦彦／樺山紘一／鷲見洋一／藤野幸雄

Ⅳ　**図書館・アーカイブズの現場から**
アーカイブズ／都道府県立・市町村立・大学・専門図書館等三〇館の報告

〈附〉**データで見る日本の図書館とアーカイブズ**

菊大並製　二九六頁　三三〇〇円

（二〇〇八年一一月刊）

◇978-4-89434-652-9

「新古典」へのブックガイド！

戦後思潮

〈知識人たちの肖像〉

粕谷一希　解説対談＝御厨貴

敗戦直後から一九七〇年代まで、時代の精神を体現し、戦後日本の社会・文化に圧倒的な影響を与えてきた知識人全一三三人を、ジャーナリストの眼で鳥瞰し、「新古典」ともいうべき彼らの代表的著作を批評する。古典と切り離された平成の読者に贈る、「新古典」への最良のブックガイド。

Ａ５変並製　三九二頁　三二〇〇円　**写真多数**
（二〇〇八年一〇月刊）
◇978-4-89434-653-6

唐木から見える〝戦後〟という空間

反時代的思索者

〈唐木順三とその周辺〉

粕谷一希

哲学・文学・歴史の狭間で、戦後の知的限界を超える美学＝思想を打ち立てた唐木順三。戦後のアカデミズムとジャーナリズムを知悉する著者が、「故郷・信州」「京都学派」「筑摩書房」の三つの鍵から、不朽の思索の核心に迫り、〝戦後〟を問題化する。

四六上製　三二〇頁　二五〇〇円
（二〇〇五年六月刊）
◇978-4-89434-457-0

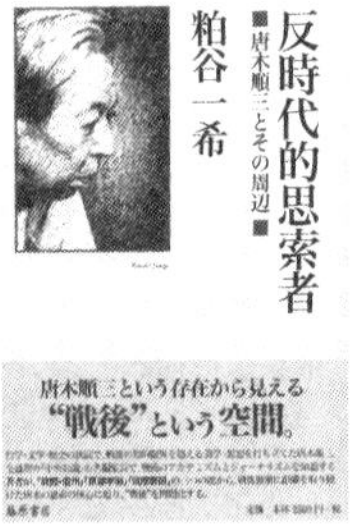

伝説的快男児の真実に迫る

「バロン・サツマ」と呼ばれた男

〈薩摩治郎八とその時代〉

村上紀史郎

富豪の御曹司として六百億円を蕩尽し、二十世紀前半の欧州社交界を風靡した快男児、薩摩治郎八。虚実ない交ぜの「自伝」を徹底検証し、ジョイス、ヘミングウェイ、藤田嗣治ら、めくるめく日欧文化人群像のうちに日仏交流のキーパーソン〈バロン・サツマ〉を活き活きと甦らせた画期的労作。**口絵四頁**

四六上製　四〇八頁　三八〇〇円
（二〇〇九年二月刊）
◇978-4-89434-672-7

真の国際人、初の評伝

松本重治伝

〈最後のリベラリスト〉

開米潤

「友人関係が私の情報網です」――一九三六年西安事件の世界的スクープ、日中和平運動の推進など、戦前・戦中の激動の時代、国内外にわたる信頼関係に基づいて活躍、戦後は、国際文化会館の創立・運営者として「日本人」の国際的な信頼回復のために身を捧げた真の国際人の初の評伝。

口絵四頁
四六上製　四四八頁　三八〇〇円
（二〇〇九年九月刊）
◇978-4-89434-704-5